쉽게 따라 쓰는 한국어 이메일

쉽게 따라 쓰는 한국어 이메일

Easy Guide to Writing Emails in Korean

오미남 · 김원경

소통

쉽게 따라 쓰는 한국어 이메일
Easy Guide to Writing Emails in Korean

발행일 | 2쇄 2024년 3월 10일   1쇄 2018년 09월 15일

저　자 | 오미남·김원경
편　집 | 곽승훈
삽　화 | 임재선
펴낸이 | 최도욱
펴낸곳 | 소 통
주　소 | 서울시 금천구 시흥대로 193, 1110호
전　화 | 070-8843-1172
팩　스 | 0505-828-1177
이메일 | sotongpub@gmail.com
블로그 | http://sotongpublish.tistory.com
가　격 | 16,000원
ISBN 979-11-86453-56-8 13700

이 도서의 국립중앙도서관 출판예정도서목록(CIP)은 서지정보유통지원시스템 홈페이지 (http://seoji.nl.go.kr)와 국가자료공동목록시스템 (http://www.nl.go.kr/kolisnet)에서 이용하실 수 있습니다.(CIP제어번호:CIP2018010698)

이 책의 내용은 저작권법에 따라 보호받고 있습니다.

쉽게 따라 쓰는 한국어 이메일

Easy Guide to Writing Emails in Korean

저자 소개

지은이 오미남 Oh Mi Nam

. 서울대학교 언어교육원 대우전임강사
. 전 런던대학교 SOAS Language Centre 한국어 강사
. 중앙대학교 대학원 문예창작학과 석사
. 저서) 서울대 한국어 4A, 4B 투판즈, 2015 (공저)

지은이 김원경 Kim Won Gyung

. 성균관대학교 학부대학 초빙교수
. 전 서울대학교 언어교육원 한국어 강사
. 이화여자대학교 대학원 한국학 석사
. 가톨릭대학교 대학원 한국어교육학과 박사

머리말

『쉽게 따라 쓰는 한국어 이메일』은 중급 이상의 한국어 학습자들을 대상으로 하는 쓰기 교재이다. 이메일은 쓰기 영역이면서 말하듯이 쓰는 독특한 의사소통 방식의 쓰기로 이메일을 잘 쓰는 것이 쉬운 일은 아니다. 하지만 한국어를 어느 정도 구사할 수 있는 학습자라면 단기간의 학습으로 제대로 된 이메일을 쓰는 것이 가능하다. 이 책은 외국인 학습자들이 단기간에 효율적으로 이메일 쓰는 방법을 익혀 자신이 전달하고자 하는 바를 어법에 맞게 쓸 수 있도록 돕기 위해 집필되었다.

친한 사이의 사적인 이메일은 자유롭게 써도 되지만 공적인 업무로 이메일을 보낼 때는 어법에 맞는 내용과 형식을 제대로 갖춰 써야 받는 사람이 호감을 가지고 내용에 관심을 가지게 된다. 하지만 고급 수준의 학습자들도 공적인 이메일을 써야 할 때 제대로 예의를 갖춰 쓰기가 쉽지는 않다. 실제로 이메일을 받았을 때 그 내용을 살펴보기도 전에 예법에 맞지 않는 쓰기에 실망하여 첫인상이 흐려지는 경우가 많다.

사실 이메일 쓰기를 익히는 것은 그리 어렵지 않다. 적합한 표현을 익히고 형식을 갖춘다면 누구나 훌륭한 이메일을 쓸 수 있다. 이 책에서는 학교와 회사 생활에서 이메일을 쓰게 되는 가장 대표적인 12가지 기능별로 24개의 예시 메일과 연습 상황을 제시하였다. 만일 학습자들이 이와 다른 상황에 접하더라도 예시 메일을 보며 적절하게 바꿔 쓰다 보면 어느 순간에 이메일 쓰기에 대한 두려움은 사라질 것이다. 이메일 쓰기를 혼자 익히고자 하는 학습자, 또는 교실에서 학생들을 대상으로 이메일 쓰기를 효율적으로 가르치려는 교사들에게 이 책이 좋은 길잡이가 되기를 바란다.

마지막으로 이 책을 위해 한 학기 동안 이메일 쓰기를 같이 공부한 가톨릭대학교, 성신여자대학교 〈교양 한국어〉수강생들에게 감사의 뜻을 전한다. 또한 책 출간을 기꺼이 허락해 주신 소통의 최도욱 사장님과 책이 출간되기까지 애써 주신 곽승훈 편집장님께 진심으로 감사드린다.

오미남 · 김원경

일러두기

이 책은 학습 목표(기능)에 따라 12개의 과로 구성되었고 본문으로 2개씩의 이메일을 제시하여 총 24개의 이메일을 실었다. 각 단원은 본문 이메일의 이해와 함께 이메일에서 자주 쓰이는 표현을 익히고 활용하여 메일을 써 보도록 하였으며 각 과와 관련된 문자 및 문자에서 사용하는 표현으로 구성하였다.

1 들어가기

본 이메일로 들어가기에 앞서 이메일을 써야 하는 상황을 만화로 구성하였다. 두 사람의 대화를 통해 누구에게 이메일을 써야 하는지, 무슨 내용을 담아야 하는지를 알도록 하였다.

2 본문 이메일 읽기 1, 2

이메일을 받는 사람과의 관계에 따라 2개의 이메일로 구성하였고 이메일을 읽고 기본적인 사항을 이해했는지 확인할 수 있도록 구성하였다.

3 표현과 연습

이메일에서 나온 표현을 예문, 간략한 설명과 함께 제시하고 연습을 통해 학습할 수 있도록 구성하였다.

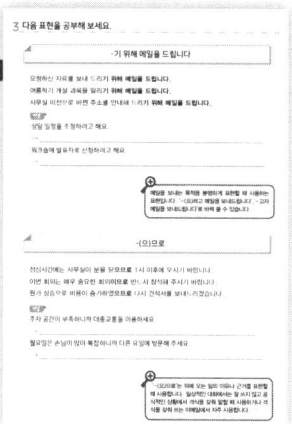

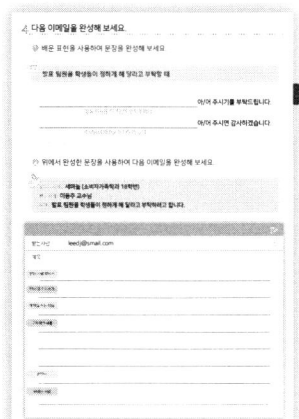

4 이메일 완성하기

학습한 표현을 활용하여 주어진 상황에서 사용될 수 있는 문장을 만들고 실제로 이메일을 써 보도록 하였다.

5 완성된 이메일 다시 확인하기

학습자가 쓴 이메일을 읽어 보고 틀렸거나 어색한 부분이 있는지 확인한 후에 제시된 팁을 보면서 이메일 고쳐서 다시 써 보도록 구성하였다. 이를 통해 이메일에서 자주 사용되는 표현이나 이메일 쓰기와 관련된 예절을 확인해 볼 수 있게 하였다.

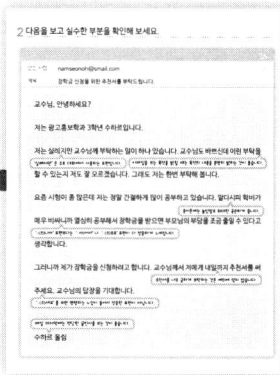

6 문자 보내기

본 이메일과 관련된 주제로 문자를 제시하고 문자에서 자주 사용되는 표현을 설명과 함께 실어 실제 생활에서 문자를 쓰는 데 도움을 주고자 하였다.

7 부록 회사에서 자주 쓰이는 표현

완성된 이메일 확인하기의 모범 답과 함께 회사에서 보내는 이메일에서 자주 사용되는 표현들을 모아 상황별로 구성하였다.

내용 구성

단원	기능	상 황	표 현	문자 보내기
1과 그동안 잘 지내셨는지요?	인사하기	교수님께 새해 인사를 드릴 때 선배의 졸업을 축하할 때	-(으)ㄴ/는지요? -(으)려고 연락을 드립니다 -다고 들었습니다 -(으)시기 바랍니다	-다면서(요)? -아/어 주신 덕분에
2과 국제학과에 재학 중인 까리나라고 합니다	소개하기	교수님께 진학을 위해 자신을 소개할 때 회사에서 부서를 이동하여 자신을 소개할 때	-(이)라고 합니다 -아/어 보고 싶습니다 -게 되어 인사드립니다 -(으)ㄹ 계획입니다	-다고 했지(요)? -ㄴ/는다던데
3과 바쁘실 텐데 시간을 내 주실 수 있으신지요?	약속하기	교수님을 방문하는 약속을 잡을 때 동아리 회의 일정을 잡을 때	-(으)ㄹ 텐데 -아/어 주실 수 있으신지요? -도록 하겠습니다 -고자 합니다 -아/어 주시기 바랍니다	-(으)ㄴ/는데요 -(으)면 좋겠는데
4과 추천서를 부탁드립니다	부탁하기	선생님께 추천서를 부탁할 때 선배에게 설문 조사를 부탁할 때	-기 위해 메일을 드립니다 -(으)므로 -아/어 주시기를 부탁드립니다 -아/어 주시면 감사하겠습니다	-(으)면 안 될까(요)? -아/어다 줘
5과 수강이 가능한지 여쭤 보려고 메일을 드립니다	문의하기	교수님께 과목의 수강이 가능한지 여쭤볼 때 조교에게 장학금 신청 자격에 대해 문의할 때	다름이 아니라 -(으)ㄴ/는지 여쭤 보려고 에 관해 문의드립니다 -지 않을까 생각합니다	-아/어 줄 수 있을까(요)? -나요?
6과 미리 연락드렸어야 하는데 그러지 못해 죄송합니다	사과하기	교수님께 결석 사실을 연락드리지 못해 사과할 때 선배에게 약속 날짜를 어겨서 사과할 때	-았/었어야 했는데 -지 못해서 -다는 말씀을 드립니다 -느라고 -지 못했습니다 을/를 끼쳐 드려 죄송합니다	미안하지만 -아/어서 죄송해요

단원	기능	상 황	표 현	문자 보내기
7과 다양한 색상의 가방을 만들어 주셨으면 합니다	제안하기	물품의 다양한 색상 출시를 제안할 때	-아/어 주셨으면 합니다 -다면 -(으)ㄹ 것입니다	-(으)면 어때(요)? 같이 안 -(으)ㄹ래(요)?
		선배에게 친선 체육대회 개최를 제안할 때	-(으)면 어떨까 합니다 -(으)면 좋을 듯합니다	
8과 최선을 다해 열심히 일하겠습니다	승낙하기/ 거절하기	프로젝트 참여를 승낙할 때	-는 한 -겠습니다 -(으)리라 봅니다	내 생각엔 -(으)ㄹ 거 같아 -(으)ㄹ 듯
		아르바이트 채용 소개를 거절할 때	-아/어 주셔서 감사합니다만 아무래도 -(으)ㄹ 것 같습니다	
9과 진학 문제로 의논드립니다	의논하기	대학원 진학에 대해 선생님께 의논드릴 때	-(으)ㄴ/는 것으로 알고 있습니다 -는지 궁금합니다	-(으)ㄹ지도 몰라(요) -(으)ㅁ
		조별 과제의 역할 분담에 대해 의논할 때	-는 바와 같이 에 대해 의견 주시기 바랍니다	
10과 기대에 비해 성적이 잘 나오지 않은 것 같습니다	불평하기	교수님께 성적에 대해 이의를 제기할 때	에 비해 -지 않은 것 같습니다 -ㅂ/습니다만	-다고 하셨는데 -(으)ㄴ/는데도
		기숙사 조교에게 전자레인지 고장에 대해 불평할 때	-기는 하는데 -아/어 주시면 좋겠습니다	
11과 원고를 아직 받지 못해서 연락드립니다	재요청하기	선생님께 원고를 다시 요청할 때	-기로 하셨는데 -지 않으셔서 -아/어도	-(으)ㄹ래(요)? -아/어 주셔야겠어요
		선배에게 과제의 검토를 다시 요청할 때	-기는 했는데 -(으)시겠지만	
12과 세미나와 관련하여 알려 드립니다	안내하기/ 초대하기	학과에서 학술 세미나 개최를 알릴 때	와/과 관련하여 ~ 알려 드립니다 혹시 -(으)면	-(으)면 돼(요) -더라도
		동아리 공연에 초대할 때	-오니 -기를 기대합니다	

이메일의 기초

| 이메일 형식 알아보기 | 이메일 제목 붙이기 | 이메일 본문 쓰기 | 이메일 쓴 후 확인하기 |

- 이메일 기본 형식
- 이메일 본문 형식

- 받는 사람 부르기
- 첫인사하기
- 자기소개 하기
- 구체적인 내용 쓰기
- 끝인사하기
- 보내는 사람 이름 쓰기

★ 이메일 형식을 알아볼까요?

1. 이메일의 기본 형식

2. 이메일 본문 형식

김종호 교수님께 *[받는 사람 부르기]*

교수님, 안녕하십니까? 그동안 잘 지내셨습니까? *[첫인사 및 안부 묻기]*

저는 지난 학기에 <한국어 논문 쓰기> 수업에서 교수님의 수업을 들었던 아이린입니다. 저는 방학 동안에 한국어 공부도 하고 전공 공부도 하면서 바쁘게 지냈습니다. 개학을 앞두고 교수님과 의논하고 싶은 것이 있어서 연락을 드립니다. *[자기소개 및 자기 안부 전하기 / 메일 쓰는 목적 밝히기]*

[구체적인 내용 쓰기]
이번 학기부터 제가 본격적으로 논문을 쓰려고 합니다. 그런데 아직 논문 주제를 정하지 못했습니다. 교수님께서 시간이 괜찮으실 때 연구실로 찾아뵙고 의논드리고 싶습니다. 언제 시간이 괜찮으신지 알려 주시면 감사하겠습니다.

그럼 남은 방학도 잘 보내시고 항상 건강하시기를 바랍니다. *[끝인사 하기]*

[보내는 사람의 이름 쓰기]
아이린 올림

★ 이메일 제목은 어떻게 쓸까요?

받은편지함 | **편지쓰기**

➡ 보내기 | 미리보기 | 임시저장 | 답장 | 전달

받는사람
참조 +
숨은참조
제목
첨부파일 − 파일 첨부하기

---

1. 교수님 등 윗사람에게 보내는 메일의 제목은 문장으로 쓰는 것이 더 공손합니다.

예
- [사회학 개론] 보고서 제출합니다. - 사회학과 이준서
- 손혜민님의 항공권 예약 확인 내역입니다.
- 새해 인사드립니다. (건축학과 로안)

2. 회사의 공지 등 많은 사람에게 보내는 공적인 메일에서는 제목을 간단하면서 내용을 쉽게 알아 볼 수 있게 쓰는 것이 좋습니다.

예
- [공지] 영업부 김미정 과장님 송별회
- [소식] 동물·환경 다큐멘터리 무료 상영회
- [경제학과] 중간시험 날짜 연기 안내

3. 이메일 제목은 메일을 보내는 목적이 확실하게 나타나도록 씁니다.

| 안녕하세요. 교수님(X) | → | 새해 인사드립니다. (건축학과 로안) |
| 영업부에서 알립니다.(X) | → | [공지] 영업부 김미정 과장님 송별회 |

★ 이메일 본문은 어떻게 쓸까요? 이메일은 다음의 구성 요소를 순서에 따라 갖추어 씁니다.

1. 받는 사람 부르기

1) 윗사람에게 메일을 보낼 때는 성+이름+직함+님께

'박 교수님께'와 같이 성만 쓰지 말고 이름과 직함까지 붙여서 '박성진 교수님께'라고 쓰는 게 좋습니다. '교수님, 안녕하십니까?'처럼 부르는 말과 간단한 인사로 같이 시작하기도 합니다.

> 예
> - 박성진 교수님께,
> - 박성진 교수님, 안녕하십니까?

2) 업무 담당자에게 메일을 보낼 때는 '○○담당자님께'로 쓰는 게 좋습니다.

> 예
> - 호텔 예약 담당자님께

3) 친구들에게 보내는 이메일은 친근한 호칭으로 써도 좋습니다. 하지만 친한 사이라도 많은 사람들에게 공적으로 보내는 메일은 정중하게 부르는 것이 좋습니다.

> 예
> - 클라라 씨 / 은주 언니
> - 동아리 회원 여러분께

2. 첫인사하기

첫인사는 받는 사람과의 관계에 맞춰 계절이나 상황에 맞는 인사를 합니다. 안부 인사를 함께 하기도 합니다. 회사 업무 이메일의 경우 격식적인 인사만 하거나 생략하는 경우도 있지만 윗사람에게 쓸 때는 반드시 인사를 써야 예의를 갖춘 이메일이 됩니다.

- 그동안 안녕하셨습니까?
- 오랜만에 인사드립니다.
- 설 연휴는 잘 지내셨는지요?
- 더운 날씨에 건강은 어떠신지 궁금합니다.

3. 자기소개 하기

아주 가까운 사이일 경우 자기소개를 생략하기도 하지만 윗사람에게 보내거나 공적인 이메일인 경우 반드시 자기소개를 간략하게 하는 것이 좋습니다. 보통 자기의 소속, 신분이나 지위를 밝히고 이름을 말합니다. 자기소개 후 자기 안부를 전하기도 합니다.

- 저는 경영학과 4학년 황티엔입니다.
- 저는 하나회사 영업부에서 근무하는 정재영이라고 합니다.
- 저는 지난 학기에 6급에서 공부한 하루카입니다. 선생님께서 항상 격려하고 걱정해 주신 덕분에 한국 생활에 잘 적응하고 있습니다.

4. 이메일의 구체적인 내용 쓰기

1) 이메일의 중심 내용이 되는 용건을 쓸 때는 이메일을 쓰는 목적을 분명히 밝히고 필요한 경우에는 이유를 씁니다. 분명하게 쓰고 너무 길지 않게 쓰는 것이 좋습니다.

- 한국 대학교 입학 자격 조건에 대해 문의하고자 메일을 드립니다.
- 이번에 저희 회사 신제품이 출시되어 안내해 드리기 위해 메일을 드립니다.

2) 이메일은 사람을 직접 만나서 이야기하는 것이 아니므로 평소에 말하는 대로 메일을 쓰면 오해가 생길 수 있습니다. 그래서 공손한 표현을 사용하고 격식에 맞게 메일을 쓰는 것이 좋습니다. 특히 교수님이나 선생님, 선배 등과 가까워졌다고 생각하는 경우에도 이메일이나 문자는 격식을 갖추고 최대한 공손하게 씁니다.

- 교수님께서 학생들을 위해 열심히 강의를 해 주신 것에 대해 다시 한번 감사하다는 말씀을 드립니다.
- 졸업 전시회를 개최하오니 선배님들께서 꼭 참석해 주시면 감사하겠습니다.

3) 이메일에서 사용하는 공손한 표현은 이메일을 받는 사람과의 관계가 어떤지, 받는 사람의 사회적인 지위가 어떻게 되는지, 나이가 어떻게 되는지 등을 고려하여 선택합니다. 특히 이메일을 보내는 사람과 받는 사람들이 가까운 사이라고 해도 여러 명에게 공적인 메일을 보낼 때는 공손한 표현을 사용합니다.

4) 사적인 메일에서 이메일을 받는 사람과 보내는 사람이 매우 친한 사이인 경우에는 일반적인 이메일의 구성을 따르지 않기도 합니다.

5. 끝인사하기

보통 계절과 상황에 맞는 끝인사를 씁니다. 일반적으로 많이 쓰는 '안녕히 계세요', '안녕히 계십시오'를 쓰기도 하고 '-기 바랍니다'의 형식으로 받는 사람을 위해 보내는 사람이 바라는 내용을 쓰기도 합니다.

- 항상 건강하시기를 바랍니다.
- 즐거운 추석 보내시기 바랍니다.
- 새해 복 많이 받으시기 바랍니다.
- 그럼 다시 뵙는 날까지 안녕히 계십시오.

6. 보내는 사람의 이름 쓰기

마지막에는 메일을 보내는 사람의 이름을 다시 밝힙니다. 윗사람에게 쓸 때는 이름 뒤에 '올림'이나 '드림'을 붙여서 쓰는데 '올림'을 쓰면 자기를 낮추어 '드림'보다 더 공손한 느낌을 줍니다. 또 이름 앞에 신분을 붙여 쓰기도 합니다. 친한 사이에는 '씀'을 붙이기도 하는데 친한 사이라고 해도 공적인 메일에서는 '올림', '드림'을 쓰는 것이 더 좋습니다.

- 주신양 올림
- 한국대학교 까리나 드림
- 켈리 씀

★ 이메일 본문은 어떻게 쓸까요?

받는 사람의 이메일 주소를 정확하게 썼습니까?	네 / 아니요
제목에 이메일을 쓰는 목적이 잘 나타나 있습니까?	네 / 아니요
받는 사람에게 적절한 인사말을 썼습니까?	네 / 아니요
이메일을 보내는 목적을 분명하게 썼습니까?	네 / 아니요
이메일에 쓰려고 생각했던 용건을 다 썼습니까?	네 / 아니요
받는 사람에게 맞는 말투를 잘 썼습니까?	네 / 아니요
내용에 맞게 문단을 잘 나누었습니까?	네 / 아니요
끝인사와 보내는 사람의 이름을 적절하게 잘 썼습니까?	네 / 아니요
필요한 파일이나 사진을 첨부했습니까?	네 / 아니요
내용을 다시 읽어보고 철자가 정확한지 확인했습니까?	네 / 아니요

 잠깐만!

- 받은 이메일에 대한 답을 바로 줄 수 없을 때는 먼저 이메일을 받았다고 알리고 답장은 언제쯤 주겠다고 메일을 보내 주는 것이 좋습니다.
- 답장을 꼭 받아야 하는 경우 답장을 기다린다고 써 주세요. 답을 꼭 받아야 하는 정해진 날짜가 있는 경우 날짜를 알려 주는 것이 좋습니다.
- 첨부할 파일이 있을 경우 첨부하는 것을 잊고 안 보내는 일이 많으므로 이메일을 쓰기 전에 먼저 파일을 첨부하는 것이 좋습니다.

목차

저자 소개   4

머리말   5

일러두기   6

내용 구성   8

이메일의 기초   10

1. 그동안 잘 지내셨는지요?   19

2. 국제학과에 재학 중인 까리나라고 합니다   31

3. 바쁘실 텐데 시간을 내 주실 수 있으신지요?   43

4. 추천서를 부탁드립니다   55

5. 수강이 가능한지 여쭤 보려고 메일을 드립니다   67

6. 미리 연락드렸어야 하는데 그러지 못해 죄송합니다   79

7. 다양한 색상의 가방을 만들어 주셨으면 합니다   91

8. 최선을 다해 열심히 일하겠습니다   103

9. 진학 문제로 의논드립니다   115

10. 기대에 비해 성적이 잘 나오지 않은 것 같습니다   127

11. 원고를 아직 받지 못해서 연락드립니다   139

12. 세미나와 관련하여 알려 드립니다   151

★ 해답 & 부록   163

Unit 1

그동안 잘 지내셨는지요?

들어가기

1 다음을 읽고 이메일을 어떻게 쓰면 좋을지 생각해 보세요.

이메일 어떻게 쓸까요? 1

1. 다음 이메일을 읽어 보세요.

받는 사람	kimjh@smail.com
제목	새해 인사드립니다. (주신양)

김정현 교수님께

교수님, 안녕하세요?
저는 지난 학기에 교환학생으로 한국대학교에서 공부했던 신양입니다. 그동안 잘 지내셨는지요? 저는 한국에서 공부를 마치고 지금은 중국으로 돌아와 다시 대학교에 다니고 있습니다. 한국에서 중국으로 돌아올 때 교수님께 제대로 인사를 드리지 못해서 감사 인사를 드리려고 연락을 드립니다.

처음 한국에 갔을 때 한국어를 잘 못해서 수업을 잘 들을 수 있을지 걱정이 많았습니다. 그런데 한국 친구들도 많이 도와주고 교수님들께서도 잘 가르쳐 주셔서 일 년 동안 한국에서 많이 배우고 무사히 고향으로 돌아왔습니다. 모두 친구들과 교수님 덕분입니다. 진심으로 감사드립니다.

이제 곧 새해가 시작됩니다. 새해 복 많이 받으시고 늘 행복하고 즐거운 일만 가득하시기를 바랍니다.

안녕히 계십시오.

중국에서 주신양 올림

2. 위 글을 읽고 대답해 보세요.

① 누가 누구에게 쓴 이메일입니까? 두 사람은 어떤 관계입니까?

② 신양 씨의 한국 생활은 어땠습니까? 누가 도움을 줬습니까?

③ 신양 씨가 이메일을 쓴 이유는 무엇입니까?

3 다음 표현을 공부해 보세요.

-(으)ㄴ/는지요?

- 요즘 날씨가 쌀쌀한데 건강은 어떠**신지요?**
- 지난 번 계획했던 프로젝트는 잘 진행되고 있**는지요?**
- 유럽 여행을 다녀오셨다고 들었는데 여행은 즐거우셨**는지요?**

연습

오늘 회의에 참석하실 수 있습니까? → _____

보내 드린 자료는 검토해 보셨습니까? → _____

> 윗사람에게 정중하게 물어볼 때 사용하는 표현입니다. 보통 정중하게 물어볼 때 '-습니까?'를 많이 사용하지만 딱딱한 느낌이 들기 때문에 이메일에서는 '-(으)ㄴ/는지요?'를 사용해서 부드럽고 공손한 느낌을 표현합니다.

-(으)려고 연락을 드립니다

- 내일 시간이 괜찮으신지 여쭤 보**려고 연락을 드립니다.**
- 이번 세미나에서 논의될 주제를 안내해 드리**려고 연락을 드립니다.**
- 귀하께서 최우수상으로 당선되었음을 알려 드리**려고 연락을 드립니다.**

연습

새 제품을 소개해 드리려고 하는데요. → _____

논문에 필요한 자료를 요청하려고 하는데요.

→ _____

> 연락을 하는 목적을 말할 때 사용하는 표현입니다. 공손하게 말할 때는 '-(으)려고 하는데요'라고 하는데 이메일에서는 정중하게 '-(으)려고 연락을 드립니다' 또는 '-기 위해 연락을 드립니다'라고 씁니다. 같은 의미로 '-고자 연락을 드립니다'를 쓰면 더 격식을 갖춘 느낌이 듭니다.

4 다음 이메일을 완성해 보세요.

❶ 배운 표현을 사용하여 문장을 완성해 보세요.

상황
방학을 마치고 한국에 돌아와서 안부 인사할 때

_____(으)ㄴ/는지요?
　　　　　방학 동안 별일 없다

_____(으)려고 연락을 드립니다.
　　　　그간 찾아뵙지 못해서 안부 인사드리다

❷ 위에서 완성한 문장을 사용하여 다음 이메일을 완성해 보세요.

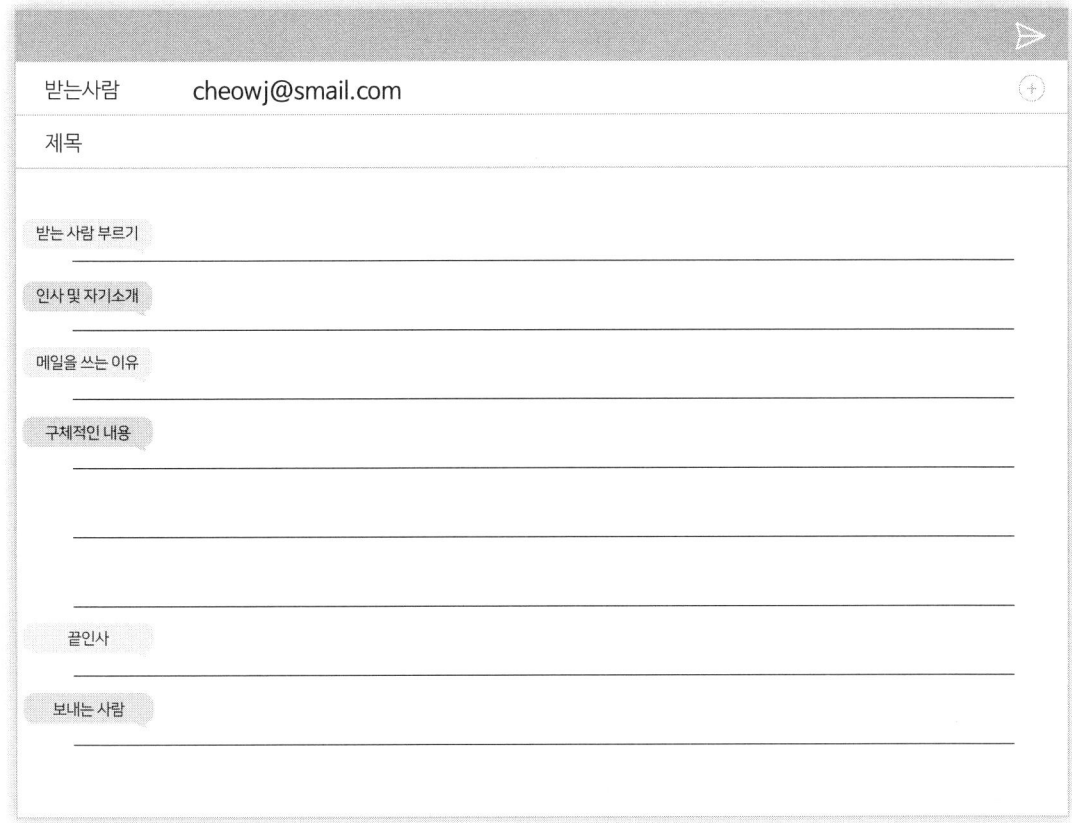

이메일 어떻게 쓸까요? 2

1 다음 이메일을 읽어 보세요.

받는사람   mn99@smail.com

제목   졸업을 축하드립니다. (켈리)

선배님, 안녕하세요?

고향 후배 켈리입니다. 방학 잘 보내고 계신지요?
다음 주에 졸업식인데 제가 고향에 있어서 참석하지 못할 것 같아 미리 축하 인사를 드리려고 메일을 보냅니다.

처음 학교에 입학했을 때 선배님이 학교 소개를 해 주시던 날을 아직도 잊을 수가 없습니다. 그 때 선배님이 고향 후배가 왔다고 잘 챙겨 주셨는데 그동안 감사의 인사도 제대로 못 드렸습니다. 늦었지만 진심으로 감사합니다. 저도 선배님처럼 후배들에게 잘해 주려고 생각은 하는데 바쁘다 보니 생각만큼 잘 챙겨주지 못하는 것 같습니다.

졸업을 한 후에도 한국에서 계속 회사에 다니신다고 들었습니다. 앞으로도 가끔 만날 기회가 있으면 좋겠습니다. 시간 날 때 언제든지 연락 주세요. 선배님의 졸업을 다시 한 번 축하드리고 회사 생활도 잘 적응하시기 바랍니다.

안녕히 계세요.

고향 후배 켈리 올림

2 위 글을 읽고 대답해 보세요.

① 누가 누구에게 쓴 이메일입니까?

② 이 사람이 메일을 쓴 이유는 무엇입니까?

③ 후배는 선배에게 어떤 마음을 가지고 있습니까?

3 다음 표현을 공부해 보세요.

-다고 들었습니다

- 이번 주는 회의가 없**다고 들었습니다**.
- 최 과장님은 오늘 휴가를 내셨**다고 들었습니다**.
- 그 과목은 수강 신청이 한 시간 만에 마감되었**다고 들었습니다**.

연습
주말에는 바쁘시다고 들었어요. → _____
야구 경기가 날씨 때문에 취소됐다고 들었어요.
→ _____

> '-다고 들었습니다'는 자기가 들은 이야기를 간접화법으로 정중하게 표현할 때 씁니다. 보통 어떤 말을 꺼내기 위해 시작할 때 먼저 이 표현을 쓰고 본 내용을 시작하는 경우가 많습니다.

-(으)시기 바랍니다

- 항상 건강 조심하**시기 바랍니다**.
- 도움이 필요하면 언제든지 연락 주**시기 바랍니다**.
- 중요한 회의이므로 가능한 한 참석해 주**시기 바랍니다**.

연습
즐거운 주말 되세요. → _____
궁금한 점이 있으면 연락 주세요.
→ _____

> '-(으)시기 바랍니다'는 말하는 사람이 바라는 것을 표현할 때 사용합니다. 듣는 사람에게 어떤 일을 부탁할 때 '-기 바라다'를 붙이면 말하는 사람이 원하는 것으로 표현되어 공손한 느낌을 줍니다. 메일의 끝인사에서 '건강하시기 바랍니다', '즐거운 주말 되시기 바랍니다' 등은 공손한 느낌을 주기 때문에 자주 사용되는 표현입니다.

4 다음 이메일을 완성해 보세요.

❶ 배운 표현을 사용하여 문장을 완성해 보세요.

> **상황**
> **같은 과 선배가 대학원에 합격했을 때**

_____ 다고 들었습니다.
선배님이 대학원에 합격하다

_____ (으)시기 바랍니다.
대학원 생활에 적응 잘하다

❷ 위에서 완성한 문장을 사용하여 다음 이메일을 완성해 보세요.

> 보내는 사람 : **진수 (영어영문학과 3학년)**
> 받는 사람 : **선배 (유라)**
> 용건 : **대학원에 합격한 선배님을 축하해 주려고 합니다.**

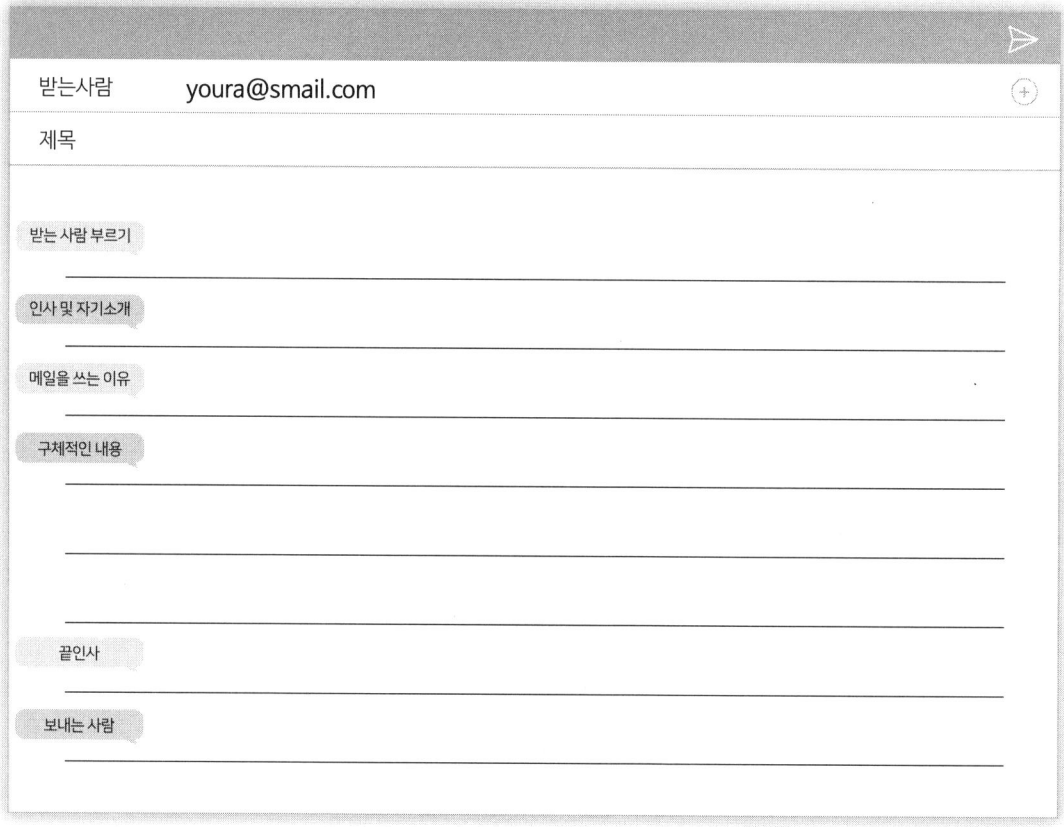

잘 썼는지 확인해 볼까요?

1 다음 이메일을 읽고 실수한 것이 없는지 찾아보세요.

받는 사람	cheowj@smail.com
제목	안부 인사

교수님,

안녕하세요?
방학을 잘 지내고 있어요? 오랫동안 안 만나서 아직 건강하십니까? 교수님이 미국에 간 것을 들었는데 재미있었어요? 저는 방학할 때 여행했어요. 즐거운 여행을 한 후에 신학기 준비를 열심히 했어요. 기분 전환도 하고 필요한 물품도 많이 샀어요.

저는 방학 때 교수님 가르치신 수업을 다시 복습해서 다음 학기 자신감을 가지고 열심히 공부할 수 있습니다. 신학기 만나기를 너무 기대해요.

학교에서 만나요.

사샤

 **잠깐만!** 먼저 인사와 자기소개를 한 후에 용건을 쓰세요.

상황에 따라 인사와 자기소개를 생략하는 경우도 있지만 격식을 갖춰 보낼 때는 첫인사, 자기소개를 전하고 그 다음에 쓰고 싶은 내용을 쓰는 것이 좋습니다. 첫인사는 보통 '안녕하세요?', '안녕하십니까?'를 가장 많이 쓰며 계절 인사나 특별한 명절 인사를 쓰기도 합니다. 메일 주소를 보면 누가 보냈는지 알 수 있기는 하지만 윗사람에게 보낼 때는 본문에 인사와 함께 자기소개를 다시 하는 것이 좋습니다. 자기소개를 할 때는 보통 자기의 소속, 신분이나 지위 등과 함께 이름을 밝힙니다.

2 다음을 보고 실수한 부분을 확인해 보세요.

받는 사람 cheowj@smail.com

제목 안부 인사
〈 정중한 메일은 제목을 문장으로 씁니다. 〉

교수님,

안녕하세요?
〈 윗사람에게 보낼 때는 자기소개를 먼저 하는 것이 예의입니다 〉

방학을 잘 지내고 있어요? 오랫동안 안 만나서 아직 건강하십니까? 교수님이 미국에
〈 윗어른에게는 '-아/어요?' 보다는 '-(으)ㄴ/는지요?'를 사용하는 것이 더 정중한 표현입니다. 〉
〈 '아직 건강하십니까' 보다는 '건강은 어떠신지요'가 더 정중한 표현입니다. 〉

간 것을 들었는데 재미있었어요? 저는 방학할 때 여행했어요. 즐거운 여행을 한 후에
〈 '-다고 듣다'를 사용해 보세요. 〉   〈 '-아/어요' 보다는 '-ㅂ/습니다'를 쓰는 것이 더 정중한 표현입니다. 〉

신학기 준비를 열심히 했어요. 기분 전환도 하고 필요한 물품도 많이 샀어요.

저는 방학 때 교수님 가르치신 수업을 다시 복습해서 다음 학기 자신감을 가지고

열심히 공부할 수 있습니다. 신학기 만나기를 너무 기대해요.
〈 '만나다' 보다는 '뵙다'가 더 정중한 표현입니다. 〉

학교에서 만나요.

사샤 〈 윗어른께는 이름 뒤에 올림을 붙여야 합니다. 〉

3 실수한 부분을 고쳐서 정확하게 다시 써 보세요.

문자는 이렇게 쓰세요

은주야, 너 좋은 소식 있더라. 이번에 승진했다면서? 정말 축하해. 열심히 노력한 보람이 있구나. 좋은 소식 들어서 나도 기쁘다!

선배님~ 감사해요. 모두 그동안 응원해 주신 선배님 덕분이에요.^^

-다면서(요)?

자기가 들은 이야기를 그 사실을 알고 있는 사람에게 확인할 때 사용하는 표현입니다.

현수 씨, 곧 _____? 진심으로
　　　　　　결혼하다

축하해요.

-아/어 주신 덕분에

다른 사람에게 도움을 받아 일이 잘 끝났을 때 감사하는 마음을 표현하기 위해 사용합니다.

여러분이 _____ 무사히 한 학기를 잘
　　　　격려하다

마쳤어요. 고마워요.

아미 씨, 아파서 입원했다면서요? 병원이 어디예요? 병문안 갈게요.

수현 씨, 고마워요. 지금은 퇴원해서 집에 있어요. 걱정해 주신 덕분에 많이 나았어요.

Unit 2

국제학과에 재학 중인 까리나라고 합니다

들어가기

1 다음을 읽고 이메일을 어떻게 쓰면 좋을지 생각해 보세요.

이메일 어떻게 쓸까요? 1

1 다음 이메일을 읽어 보세요.

받는 사람: leesg@smail.com
제목: 대학원에 진학하고 싶습니다. (까리나)

이상규 교수님께

안녕하십니까? 저는 한국대학교 국제학과 4학년에 재학 중인 까리나라고 합니다. 교수님께 처음으로 인사를 드립니다. 저는 러시아 모스크바에서 고등학교를 마치고 한국대학교에 진학하여 내년 2월 졸업을 앞두고 있습니다. 중앙아시아 역사에 관심이 많아서 한국대학교 동양사학과 석사 과정에 진학하기를 희망하고 있습니다.

3학년 때 〈중앙아시아의 역사〉 수업 시간에 발표 준비를 하다가 교수님의 논문을 처음 접했습니다. 그 후로 중앙아시아의 역사를 깊이 있게 분석하신 교수님의 연구에 흥미를 느껴 교수님께 체계적으로 배우고 싶다는 생각이 들었습니다. 제가 러시아어를 잘하는 장점이 있기 때문에 러시아와 한국에서의 중앙아시아 연구를 비교하는 연구를 해 보고 싶습니다.

그래서 학부와 다른 전공으로 대학원에 진학할 수 있는지 궁금해서 메일을 드립니다. 저에게 기회를 허락해 주신다면 동양사학과 석사 과정에 지원해 보고 싶습니다.

긴 메일을 끝까지 읽어 주셔서 감사합니다. 그럼 좋은 소식을 기대하고 있겠습니다. 안녕히 계십시오.

까리나 올림

2 위 글을 읽고 대답해 보세요.

① 까리나 씨가 이메일을 쓴 이유는 무엇입니까?

② 까리나 씨는 어떻게 이상규 교수님을 알게 되었습니까?

③ 까리나 씨가 연구하고자 하는 것은 무엇입니까?

3. 다음 표현을 공부해 보세요.

-(이)라고 합니다

- 중국에서 온 여몽지**라고 합니다**.
- 동아리 총무를 맡은 찌바오**라고 합니다**.
- 동아리 프로젝트를 담당하고 있는 서주호**라고 합니다**.

연습

오늘 사회를 보게 된 송기범인데요.
→ _____

삼 일 동안 여러분을 안내할 크리스예요.
→ _____

> '-(이)라고 합니다'는 모르는 사람에게 자신을 소개할 때 사용하며 이름 바로 뒤에 붙입니다. 이름 앞에 자신의 출신이나 직업, 신분, 직위 등을 붙이기도 합니다.

-아/어 보고 싶습니다

- 감동을 주는 다큐멘터리를 만들**어 보고 싶습니다**.
- 이 책에 대한 작가님의 평을 직접 들**어 보고 싶습니다**.
- 다음에는 실제 현장의 역동적인 분위기를 체험**해 보고 싶습니다**.

연습

새 제품을 사용하고 싶어요.
→ _____

이 주제에 관해 깊이 공부하고 싶어요.
→ _____

> '-아/어 보고 싶습니다'는 자신의 희망이나 의지를 표현할 때 사용합니다. '-고 싶다'에 '-아/어 보다'를 붙여서 한번 시도해 보고 싶다는 의미를 덧붙여 공손한 표현이 됩니다.

4 다음 이메일을 완성해 보세요.

❶ 배운 표현을 사용하여 문장을 완성해 보세요.

상황
아르바이트를 지원하기 위해 자신을 소개할 때

_____(이)라고 합니다.
　　　　　　저는 미카

_____아/어 보고 싶습니다.
　　　　판매와 관련된 일을 하다

❷ 위에서 완성한 문장을 사용하여 다음 이메일을 완성해 보세요.

보내는 사람: **미카 (한국대학교 경영학과 3학년/일본)**
받는 사람: **아르바이트 채용 담당자**
용건: **주말에 판매와 관련된 아르바이트를 하고 싶어서 자기 소개를 하는 메일을 보내려고 합니다.**

이메일 어떻게 쓸까요? 2

1 다음 이메일을 읽어 보세요.

받는사람	hope3@smail.com, lalah@smail.com, quore@smail.com, xiwon@smail.com, soony@smail.com, buff@smail.com, suvoz@smail.com, troll@smail.com, cuks8@smail.com,
제목	[부서 이동 알림] 세계국제교육원 교육개발팀 나현상

세계국제교육원 여러분, 안녕하십니까?

이번에 교육개발팀 팀장으로 발령 받은 나현상입니다. 올해 인사이동으로 그간 근무해 온 운영팀을 떠나 새로 교육개발팀에서 일하게 되어 인사드립니다.

지난 3년 동안 저는 운영팀에서 여러 직원들과 같이 회계와 계약 업무에 임해 왔습니다. 이제 교육개발팀으로 자리를 옮겨 프로젝트 개발과 수행 업무를 맡게 되었습니다. 앞으로 교육개발팀에서 제 몫을 다하여 국제교육원에 꼭 필요한 사람이 되도록 노력하겠습니다.

그간 교육개발팀은 주로 국내 교육 프로젝트 개발에 중점을 두고 일해 왔습니다. 그동안의 경험을 바탕으로 앞으로는 해외 교육 프로젝트 개발에 더욱 힘쓸 계획입니다. 이를 통하여 세계적으로 성장하는 세계국제교육원이 되도록 최선을 다해 일하겠습니다.

감사합니다.

교육개발팀 팀장 나현상 올림

2 위 글을 읽고 대답해 보세요.

① 이 사람이 메일을 쓴 이유는 무엇입니까?

② 이 사람은 지금까지 어떤 일을 했습니까?

③ 이 사람은 앞으로 어떤 일을 하려고 합니까?

3. 다음 표현을 공부해 보세요.

-게 되어 인사드립니다

- 이번에 7대 회장을 맡**게 되어 인사드립니다**.
- 이번 회의에서 통역을 하**게 되어 인사드립니다**.
- 3층에 저희 식당을 개업하**게 되어 인사드립니다**.

연습

이번 학기에 조교로 근무하기 시작해서 인사드려요.
→ _____

9월부터 연구실에서 연구를 하기 시작해서 인사드려요.
→ _____

> '-게 되어 인사드립니다'는 자신의 신상에 변화가 생긴 것을 알리면서 소개할 때 사용합니다. '-게 되어'의 앞에 자신이 새로 맡은 일을 밝혀 다른 사람에게 정중하게 알리는 표현입니다.

-(으)ㄹ 계획입니다

- 조사를 마치는 대로 결과를 발표할 **계획입니다**.
- 올해 내로 신제품을 국내 시장에 출시할 **계획입니다**.
- 고향에 돌아가면 부모님의 사업을 도와 드릴 **계획입니다**.

연습

이번 학기에는 교외 장학금을 신청하려고 해요.
→ _____

앞으로 외국의 대학교에 대해 자세히 알아보려고 해요.
→ _____

> '-(으)ㄹ 계획입니다'를 사용하면 자신의 계획을 단순히 알리는 것에 더하여 상대방을 존중하는 느낌이 들게 되어 공손하게 보입니다.

4 다음 이메일을 완성해 보세요.

❶ 배운 표현을 사용하여 문장을 완성해 보세요.

상황 친구가 소개해 준 번역 일을 하기 위해 회사에 자기소개를 할 때

_____게 되어 인사드립니다.
　　　　양우재에게 소개 받고 통역을 하다

_____(으)ㄹ 계획입니다.
　　　대학을 졸업하고 무역 회사에 취직하다

❷ 위에서 완성한 문장을 사용하여 다음 이메일을 완성해 보세요.

보내는 사람: **올가(한국대학교 재학/러시아)**
받는 사람: **교육개발원 나현상 팀장**
용건: **친구가 소개해 준 번역 일을 맡고 팀장님께 자신을 직접 소개하려고 합니다.**

받는사람　hsla2103@smail.com
제목
받는 사람 부르기
_____
인사 및 자기소개
_____
_____
메일을 쓰는 이유
_____
구체적인 내용
_____
_____
_____
끝인사
_____
보내는 사람
_____

잘 썼는지 확인해 볼까요?

1 다음 이메일을 읽고 실수한 것이 없는지 찾아보세요.

받는 사람	mnri9082@smail.com
제목	주말 아르바이트를 구합니다.

아르바이트 채용 담당자님께

안녕하십니까? 저는 한국대학교 경영학과 3학년 재학 학생인 미카라고 합니다. 판매와 관련된 아르바이트에 대해 관심이 있어서 좀 여쭤 보려고 합니다.

저는 일본 사람이지만 한국어 4급이고 영어 실력도 좋아서 손님들과 잘 소통할 수 있습니다. 그리고 편의점에서 반 년 동안 아르바이트를 했습니다. 그래서 상관 경험이 있으니까 판매에 자신이 있습니다.

그런데 주중에는 학교에 다녀서 주말에만 일을 할 수 있습니다. 주말에는 언제든지 시간이 있으니까 필요하실 때 말하세요. 열심히 하겠습니다. 저를 뽑으면 좋겠습니다!

감사합니다.

미카 올림

잠깐만!

먼저 이메일을 보내는 목적을 분명하게 밝히고 그 뒤에 구체적인 내용을 쓰세요.

첫인사와 자기소개를 한 다음에는 이메일을 보내는 이유를 분명하게 밝히는 것이 좋습니다. 그 다음에 그와 관련된 구체적인 상황이나 내용을 씁니다. 이메일을 받는 사람이 이메일을 보낸 목적을 알고 나서 관련된 내용을 읽으면 이메일을 보낸 이유를 명확하게 파악할 수 있어서 좋습니다.
또 구체적인 내용은 길게 쓰지 말고 간단하고 분명하게 쓰도록 합니다. 너무 장황하게 쓰면 이메일에서 말하고 싶었던 내용이 무엇인지 잘 드러나지 않을 수도 있습니다.

2. 다음을 보고 실수한 부분을 확인해 보세요.

받는 사람   mnri9082@smail.com

제목   주말 아르바이트를 구합니다.

아르바이트 채용 담당자님께

안녕하십니까? 저는 한국대학교 경영학과 3학년 재학 학생인 미카라고 합니다.
  → '재학 학생'은 틀린 표현입니다.

판매와 관련된 아르바이트에 대해 관심이 있어서 좀 여쭤 보려고 합니다.
  → 이메일의 목적이 문의하는 것이 아니므로 이메일을 보내는 목적에 맞게 쓰는 것이 좋습니다.

저는 일본 사람이지만 한국어 4급이고 영어 실력도 좋아서 손님들과 잘 소통할 수 있습니다. 그리고 편의점에서 반 년 동안 아르바이트를 했습니다. 그래서 상관 경험이 있으니까 판매에 자신이 있습니다.
  → '상관 경험'은 틀린 표현입니다. 앞 문장과 연결하여 다른 표현을 사용하도록 합니다.

그런데 주중에는 학교에 다녀서 주말에만 일을 할 수 있습니다. 주말에는 언제든지 시간이 있으니까 필요하실 때 말하세요. 열심히 하겠습니다. 저를 뽑으면 좋겠습니다!
  → '-(으)세요'는 공손한 표현이 아니므로 뒤 문장과 연결하여 다른 표현을 사용하도록 합니다.
  → 공손하게 자신의 희망을 표현하는 것이 좋습니다.

감사합니다.

미카 올림

3. 실수한 부분을 고쳐서 정확하게 다시 써 보세요.

문자는 이렇게 쓰세요

명은아, 너 중국어 배운다고 했지? 내가 중국 드라마를 보다가 네 생각이 나서 알려 주려고. 내용이 쉬워서 듣기 연습하기에 적당할 거야.

그래? 알려 줘서 고마워. 제목이 뭔데?

-다고 했지(요)?

다른 사람에게 직접 들은 이야기를 다시 그 사람에게 확인할 때 쓰는 표현입니다.

미카야, 너 지난번에 _____?
　　　　　　　　　아르바이트하고 싶다

-ㄴ/는다던데

'-다고 하던데'의 준말로 자신이 듣거나 알게 된 정보를 다른 사람에게 알릴 때 사용합니다.

사회학과에서 설문조사를 도와 줄 사람을

_____ 같이 할래요?
　찾다

민규야, 혹시 전략 기획팀 특강에 관심 있니? 다음 월요일 오후 2시에 학교에서 한다던데……

물론 관심 있지. 알려 줘서 고마워. 어떻게 신청하는지 알아?

Unit 3

바쁘실 텐데 시간을 내 주실 수 있으신지요?

들어가기

1. 다음을 읽고 이메일을 어떻게 쓰면 좋을지 생각해 보세요.

이메일 어떻게 쓸까요? 1

1. 다음 이메일을 읽어 보세요.

받는 사람: hatj@smail.com

제목: 찾아뵙고 싶습니다. (자유전공학부 너밍)

하태주 교수님께

안녕하세요? 교수님. 저는 자유전공학부 너밍입니다.

전공을 정해야 하는 시기가 가까워졌는데 제가 아직 전공을 정하지 못해서 고민이 많습니다. 저는 졸업 후에 한국에서 일을 하고 싶지만 이와 관련하여 실질적인 정보나 조언을 얻기가 힘든 상황입니다. 그래서 교수님께 직접 의견을 여쭙고 상의를 하고 싶습니다. 학기 중이라 여러모로 바쁘실 텐데 잠시 시간을 좀 내 주실 수 있으신지요?

저는 월요일과 화요일에는 수업이 있고 수요일과 목요일, 금요일은 수업이 없어서 선생님께서 편한 시간을 말씀해 주시면 제가 맞출 수 있습니다. 교수님께서 가능하신 시간을 말씀해 주시면 제가 연구실로 찾아뵙도록 하겠습니다.

환절기에 건강 유의하시길 바라며 교수님의 답을 기다리겠습니다.
안녕히 계십시오.

너밍 올림

2. 위 글을 읽고 대답해 보세요.

① 누가 누구에게 쓴 이메일입니까?

② 이 사람은 어떤 고민을 하고 있습니까?

③ 이 사람이 교수님과 만날 수 있는 날은 언제입니까?

3 다음 표현을 공부해 보세요.

-(으)ㄹ 텐데 -아/어 주실 수 있으신지요?

- 방학 중이라 학교에 안 나오**실 텐데** 만**나 주실 수 있으신지요?**
- 작업을 시작하셨**을 텐데** 이 부분을 다시 검토**해 주실 수 있으신지요?**
- 원고를 거의 다 쓰셨**을 텐데** 앞부분만이라도 좀 보**여 주실 수 있으신지요?**

연습

공연까지 시간이 많지 않을 것 같은데 이 부분을 바꿀 수 있습니까?
→ _____

여기서 일정이 곧 끝날 것 같은데 다음 회의에 참석하실 수 있습니까?
→ _____

> '-(으)ㄹ 텐데'를 사용하여 자신이 추측하는 상황을 표현하고 이어서 '-아/어 주실 수 있으신지요?'를 붙여서 상대방에게 가능성을 공손하게 물어볼 때 사용합니다. 어떠한 일이 가능한지를 상대방에게 직접적으로 묻지 않고 '-아/어 주실 수 있으신지요?'로 표현하여 공손한 느낌이 들게 합니다.

-도록 하겠습니다

- 다음부터 이런 실수가 없**도록 하겠습니다**.
- 이번 발표는 완벽하게 준비**하도록 하겠습니다**.
- 제가 그 문제에 대해 알아보고 다시 연락드리**도록 하겠습니다**.

연습

다음에는 늦지 않을게요. → _____

시장 조사를 하고 나서 결과를 보고 드릴게요.
→ _____

> '-도록 하겠습니다'는 격식적인 상황에서 자신이 무엇을 할 것이라는 의지나 각오를 상대방에게 공손하게 알릴 때 사용합니다. 공적인 말하기 상황에서도 사용할 수 있습니다.

4 다음 이메일을 완성해 보세요.

❶ 배운 표현을 사용하여 문장을 완성해 보세요.

상황 선배의 회사에 방문하는 날짜를 정할 때

_____(으)ㄹ 텐데 _____ 아/어 주실 수 있으신지요?
회사 일이 많다   인터뷰를 위해 시간을 내다

_____도록 하겠습니다.
사무실로 가 뵙다

❷ 위에서 완성한 문장을 사용하여 다음 이메일을 완성해 보세요.

보내는 사람: 유가(학보사 기자/신방과 3학년)
받는 사람: 홍민주 선배님
용건: 학보에 실릴 졸업생 인터뷰를 위해 10년 전에 졸업한 선배님을 만나고 싶습니다.

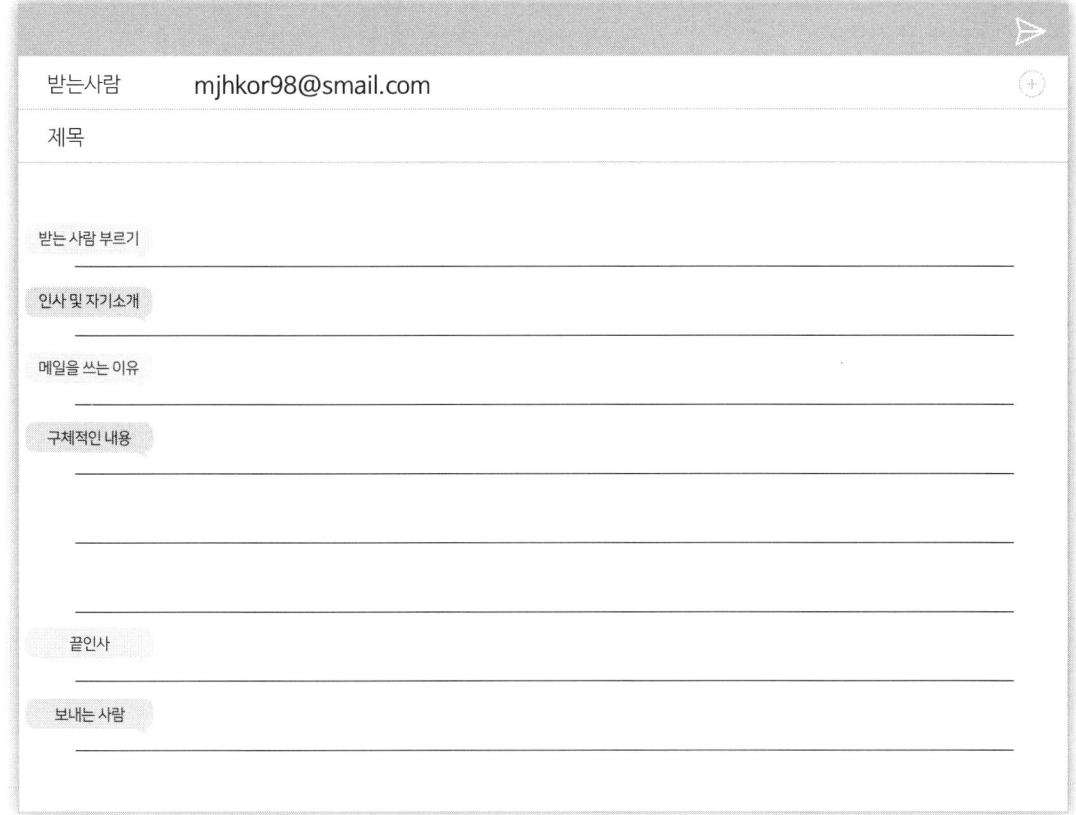

이메일 어떻게 쓸까요? ❷

1 다음 이메일을 읽어 보세요.

받는사람	hope3@smail.com, lalah@smail.com, quore@smail.com, xiwon@smail.com, soony@smail.com, buff@smail.com, suvoz@smail.com, troll@smail.com, cuks8@smail.com,
제목	[회의 일정 논의] – 신입 회원 모집 관련

『아미』 회원님들께

안녕하세요? 『아미』 9대 회장 김성호입니다.
아쉽게도 방학이 벌써 끝을 향해 가고 있습니다. 모두들 잘 지내고 계시지요?

여러분의 활약으로 작년에 계획했던 여러 행사들을 성공적으로 치렀고 동시에 우리 동아리를 교내에 널리 알리는 효과를 거두었습니다. 이 기세가 올해에도 계속 이어져 이번에 입학하는 신입생들이 새로운 회원으로 동아리에 많이 가입하기를 기대합니다.

이에 3월에 있을 신입 회원 모집 활동을 준비하기 위한 전체 회의를 갖고자 합니다. 2월 10일 오후 1시 또는 2월 11일 오후 1시에 동아리방에서 회의를 하고자 하니 가능한 시간을 알려 주시기 바랍니다. 금년도 신입 부원 모집 활동을 진행하기 위해 필수적인 회의이니 적극적인 참여를 부탁드리며 이번 주말까지 회신 부탁드리겠습니다.

그럼 남은 방학도 건강히 지내시고 회의 때 만나 뵙겠습니다.

9대 회장 김성호 올림

2 위 글을 읽고 대답해 보세요.

① 누가 누구에게 쓴 이메일입니까?

② 이 사람이 메일을 쓴 이유는 무엇입니까?

③ 메일을 받은 사람은 메일을 읽고 어떻게 해야 합니까?

3 다음 표현을 공부해 보세요.

-고자 합니다

- 공청회를 열어 미세 먼지 해결에 관한 다양한 의견을 듣**고자 합니다**.
- 담당자들이 모여 신차 개발 비용 절감 문제를 함께 의논하**고자 합니다**.
- 회원 여러분께 가을 축제를 개최하게 되었다는 기쁜 소식을 알려 드리**고자 합니다**.

연습

신제품 시연회에 여러분을 초대하려고 합니다.

→ _____

주차권 신청 절차 변동 사항에 대해 안내해 드리려고 합니다.

→ _____

> '-고자 합니다'는 격식적인 상황에서 의도하는 바를 표현할 때 사용합니다. '-(으)려고 합니다'보다 더 정중한 표현으로 공적인 쓰기나 말하기 상황에서 자주 사용됩니다.

-아/어 주시기 바랍니다

- 일정이 안 되시면 내일까지 말씀**해 주시기 바랍니다**.
- 작성하신 서류를 아래의 주소로 보**내 주시기 바랍니다**.
- 모교에서 열리는 10주년 동창회에 참석**해 주시기 바랍니다**.

연습

관심이 있으신 분은 이번 주까지 연락해 주세요.

→ _____

가입하시려면 가입 신청서와 입회비를 내 주세요.

→ _____

> '-아/어 주시기 바라다'는 격식적인 상황에서 쓰는 사람이 바라는 것을 표현할 때 사용합니다. '-아/어 주다'를 같이 사용하여 부탁을 하거나 지시할 때 '-아/어 주시기 바랍니다'라고 하면 상대방을 배려하는 느낌을 주어 더 공손한 표현이 됩니다.

4 다음 이메일을 완성해 보세요.

❶ 배운 표현을 사용하여 문장을 완성해 보세요.

상황
동아리 회장단이 하계 엠티를 준비할 때

_____고자 합니다.
　　　　　　하계 엠티를 가다

_____아/어 주시기 바랍니다.
　　금요일 오후나 토요일 오전 중에 편한 시간을 말하다

❷ 위에서 완성한 문장을 사용하여 다음 이메일을 완성해 보세요.

보내는 사람 : **수하르(FC동아리 회장)**
받는 사람 : **동아리 회원들**
용건 : **동아리의 단합회를 떠나려고 하는데 출발 시간을 정하려고 합니다.**

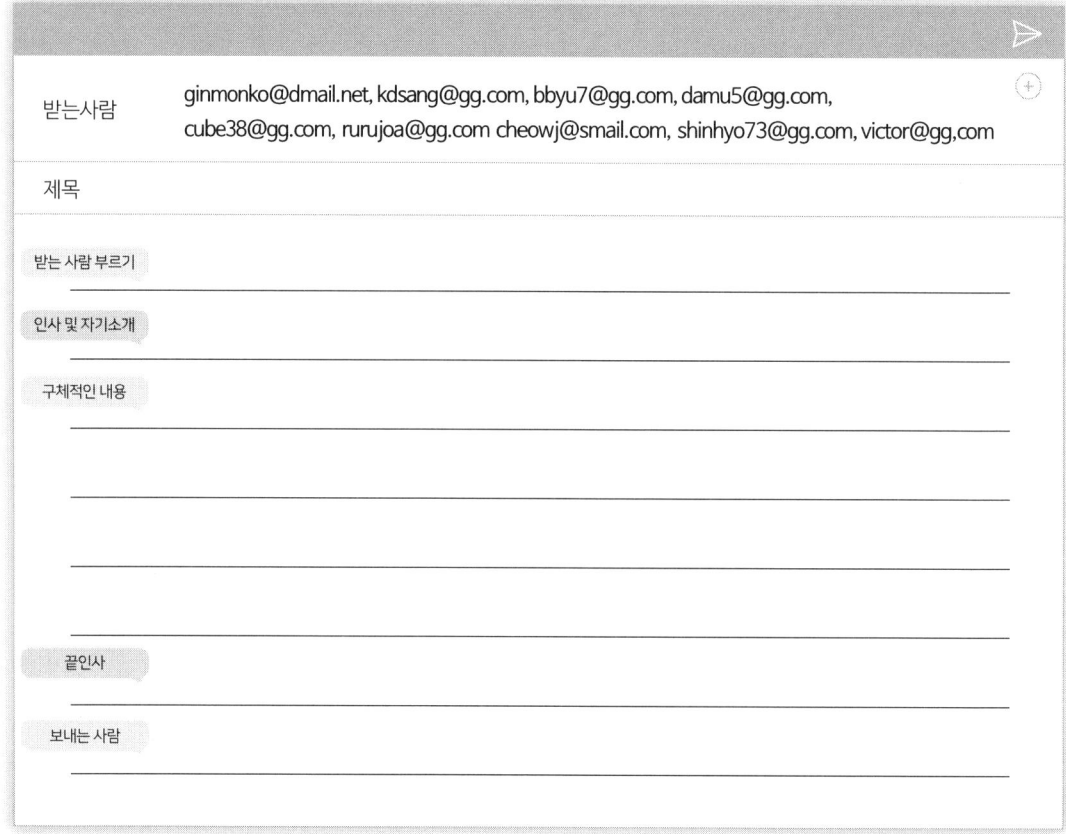

잘 썼는지 확인해 볼까요?

1 다음 이메일을 읽고 실수한 것이 없는지 찾아보세요.

받는 사람	mjhkor98@smail.com
제목	방문 신청합니다

홍민주 선배님께

선배님, 안녕하세요? 저는 유가입니다.

갑자기 메일을 보내서 놀라셨죠?

저는 우리 학보에 실릴 졸업생 인터뷰를 위해 선배님을 만나고 싶습니다. 선배님이 바쁘시지만 선배 회사를 방문할 수 있는 날짜를 알려줄 수 있으면 좋겠습니다. 혹시 이번 주 금요일 오후에 잠깐 만나도 되겠습니까?

만약 허락하시면 금요일에 갈게요.

후배 유가 올림

잠깐만! 약속이 정해졌음을 확실히 알리는 이메일을 보내세요.

상대방과의 약속이 구체적으로 정해지면 최종적으로 약속을 확인하는 이메일을 보내는 것이 좋습니다. 특히 윗사람이나 공적인 관계의 사람과 약속을 정한 경우 '그럼 3시에 연구실로 찾아뵙겠습니다', '목요일 11시에 뵙겠습니다'와 같이 약속 시간과 장소를 간략하게 다시 써서 보내는 것이 좋습니다.
또 이메일 대신 문자로 연락하는 경우도 많은데 문자로 연락할 때는 너무 이르거나 늦은 시간에 문자를 보내지 않도록 주의합니다. 문자를 받는 상대방이 문자를 확인할 수 있는 시간을 알고 있다면 그 시간에 맞춰 보내는 것이 좋습니다.

2 다음을 보고 실수한 부분을 확인해 보세요.

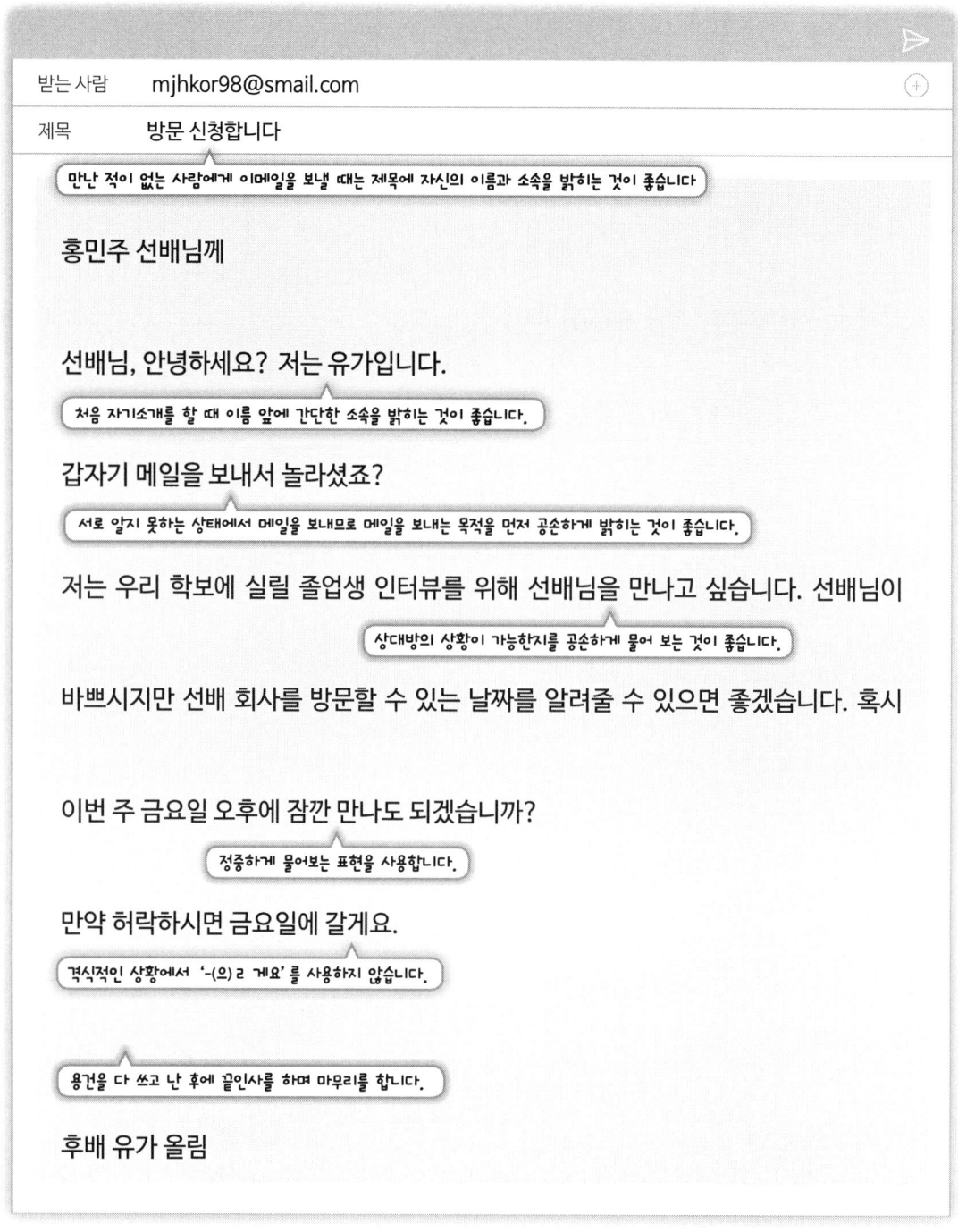

3 실수한 부분을 고쳐서 정확하게 다시 써 보세요.

문자는 이렇게 쓰세요

안성주 씨, 면접은 다음 목요일 오후 4시에 가게에 와서 합시다.

정말 죄송하지만 그 시간은 좀 어려운데요. 그날 2시에 전공 시험이 있어서 끝나자마자 가도 4시가 넘을 것 같아서요.

-(으)ㄴ/는데요

거절해야 하는 상황에서 사용하여 거절하는 이유를 공손하게 밝힐 때 사용하는 표현입니다.

죄송하지만, 평일 오전에는 _____.
　　　　　　　　　　　　　　　　곤란하다

오전에는 수업이 있어서요.

-(으)면 좋겠는데

자신의 희망이나 바람을 표현하면서 '-는데'를 붙여 다음 말을 이끌어냅니다.

학교 근처에서 _____
　　　　　　　　　만나다

괜찮아요?

안녕하세요. 어제 오후에 방을 구하러 갔던 학생입니다. 말씀하신 후문 쪽에 있는 집의 2층 방을 직접 보면 좋겠는데 언제 가능할까요?

네, 집 주인과 연락해 보고 알려 드릴게요. 먼저 가능하신 시간을 알려 주세요.

Unit 4

추천서를 부탁드립니다

 들어가기

1 다음을 읽고 이메일을 어떻게 쓰면 좋을지 생각해 보세요.

이메일 어떻게 쓸까요? ❶

1. 다음 이메일을 읽어 보세요.

받는 사람	seongjin@smail.com
제목	추천서를 부탁드립니다. (왕소소)

박성진 선생님께

선생님, 안녕하세요?
저는 한국어교육센터 6급에서 공부하고 있는 왕소소입니다. 제가 다음 학기에 한국대학교 게임학과에 진학하려고 준비 중입니다. 그래서 선생님께 저의 추천서를 부탁드리기 위해 메일을 드립니다.

저는 어렸을 때부터 컴퓨터에 관심이 많았고 고등학교 때 컴퓨터 프로그램 개발 동아리에서 친구들과 여러 가지 프로그램을 만들기도 했습니다. 한국은 게임 산업으로 매우 널리 알려져 있으므로 한국의 대학교에서 게임 기획과 개발에 대해 공부해 보려고 합니다.

선생님께서 4급과 5급에서 저를 가르쳐 주셨고 제가 공부하는 모습을 오랫동안 지켜보셨기 때문에 저에 대해 많이 알고 계실 거라고 생각합니다. 그래서 선생님께 추천서를 부탁드리고 싶습니다. 허락해 주신다면 선생님께서 편한 시간에 추천서 양식과 필요한 자료를 준비하여 찾아뵙도록 하겠습니다.

안녕히 계십시오.

왕소소 올림

2. 위 글을 읽고 대답해 보세요.

① 왕소소 씨가 게임학과에 가고 싶어 하는 이유는 무엇입니까?
② 왕소소 씨가 추천서를 이 분께 부탁하는 이유는 무엇입니까?
③ 선생님께서 추천서를 써 주신다고 하면 왕소소 씨는 어떻게 할 생각입니까?

3. 다음 표현을 공부해 보세요.

-기 위해 메일을 드립니다

- 요청하신 자료를 보내 드리**기 위해 메일을 드립니다**.
- 여름학기 개설 과목을 알리**기 위해 메일을 드립니다**.
- 사무실 이전으로 바뀐 주소를 안내해 드리**기 위해 메일을 드립니다**.

연습

상담 일정을 조정하려고 해요.
→ _____

워크숍에 발표자로 신청하려고 해요.
→ _____

> 메일을 보내는 목적을 분명하게 표현할 때 사용하는 표현입니다. '-(으)려고 메일을 보내드립니다', '-고자 메일을 보내드립니다'로 바꿔 쓸 수 있습니다.

-(으)므로

- 점심시간에는 사무실이 문을 닫**으므로** 1시 이후에 오시기 바랍니다.
- 이번 회의는 매우 중요한 회의**이므로** 반드시 참석해 주시기 바랍니다.
- 원가 상승으로 비용이 증가하였**으므로** 다시 견적서를 보내드리겠습니다.

연습

주차 공간이 부족하니까 대중교통을 이용하세요.
→ _____

월요일은 손님이 많아 복잡하니까 다른 요일에 방문해 주세요.
→ _____

> '-(으)므로'는 뒤에 오는 일의 이유나 근거를 표현할 때 사용합니다. 일상적인 대화에서는 잘 쓰지 않고 공적인 상황에서 격식을 갖춰 말할 때 사용하거나 격식을 갖춰 쓰는 이메일에서 자주 사용합니다.

4 다음 이메일을 완성해 보세요.

❶ 배운 표현을 사용하여 문장을 완성해 보세요.

상황   **시험 기간에 도서관 개방 시간 연장을 부탁할 때**

_____기 위해 메일을 드립니다.
시험 기간에 도서관 개방 시간 연장을 부탁하다

_____(으)므로 도서관을 개방해 주시기 바랍니다.
늦은 시간에 학생들이 공부할 곳이 없다

❷ 위에서 완성한 문장을 사용하여 다음 이메일을 완성해 보세요.

보내는 사람 : **수하르 (광고홍보학과 3학년)**
받는 사람 : **도서관 관장님**
용건 : **시험 기간에 도서관 개방 시간을 연장해 달라고 부탁하려고 합니다.**

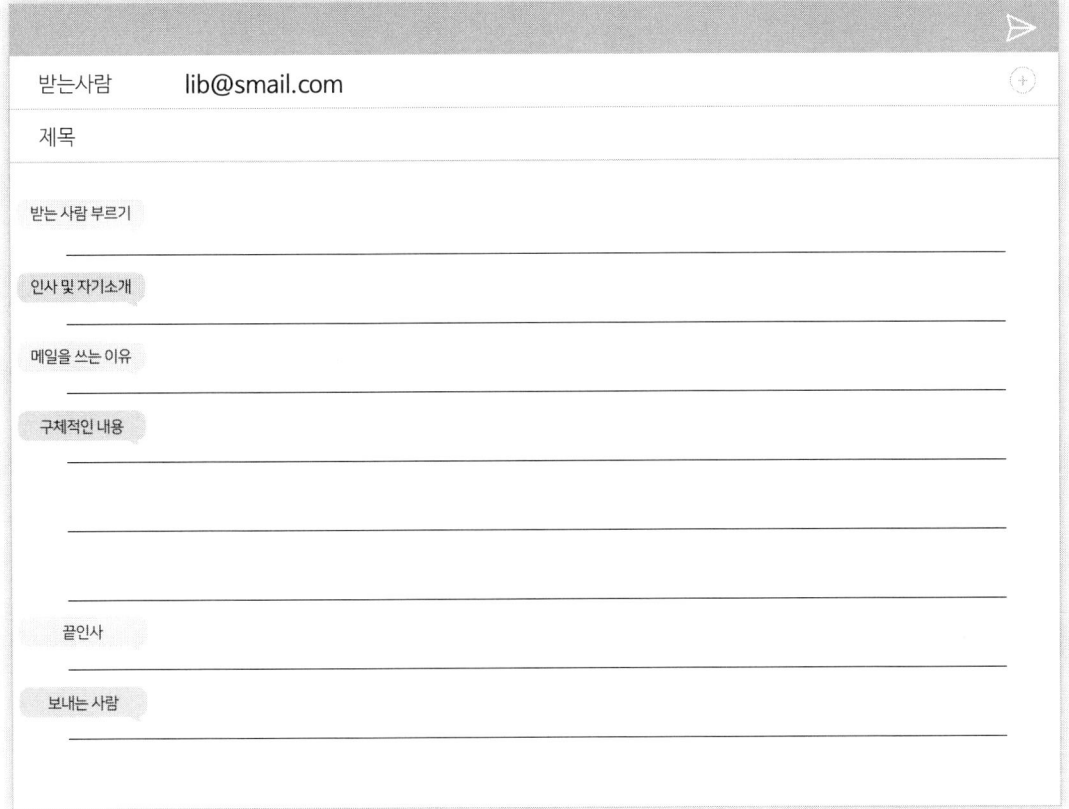

이메일 어떻게 쓸까요? 2

1 다음 이메일을 읽어 보세요.

받는사람   hamd@smail.com

제목   [설문 조사 부탁] - 도시 관광지를 활용한 마케팅 전략

선배님, 안녕하세요?

경영학과 4학년 황티엔입니다. 그동안 잘 지내셨습니까?
제가 이번에 마케팅 전략에 대한 주제로 졸업 논문을 준비하게 되어 선배님께 설문 조사에 참여해 주시기를 부탁드리고자 연락을 드립니다.

이 논문은 도시 관광지를 활용한 마케팅 전략을 세우는 것을 목표로 하고 있습니다. 하지만 제가 사회 경험이 없기 때문에 경험이 많으신 선배님들께 설문 조사를 부탁드리게 되었습니다. 회사 일로 바쁘시겠지만 잠시 시간을 내어 응답해 주시면 저에게 큰 힘이 될 것 같습니다.

일일이 찾아뵙고 부탁을 드려야 하는데 메일로 연락 드려서 죄송합니다. 아직 미숙한 후배를 격려하는 뜻으로 널리 이해해 주시고 설문에 응답해 주시면 감사하겠습니다.

황티엔 올림

[설문 참여하기]

---

2 위 글을 읽고 대답해 보세요.

① 누가 누구에게 쓴 이메일입니까?

② 이메일을 보낸 이유는 무엇입니까?

③ 이 사람이 쓰는 논문의 내용은 무엇입니까?

3 다음 표현을 공부해 보세요.

-아/어 주시기를 부탁드립니다

- 신제품 발표회에 꼭 참석**해 주시기를 부탁드립니다**.
- 자료를 언제 보내주실 수 있는지 알**려 주시기를 부탁드립니다**.
- 파일이 첨부되지 않았으므로 다시 확인**해 주시기를 부탁드립니다**.

연습

금요일로 회의를 연기해 주시면 좋겠어요.

→ _____

학교 정문에 신호등을 설치해 주시면 좋겠어요.

→ _____

> '-아/어 주시기를 부탁드립니다'는 격식적인 상황에서 다른 사람한테 부탁하는 내용을 아주 공손하게 표현할 때 사용합니다.

-아/어 주시면 감사하겠습니다

- 빠른 시일 내에 답장**해 주시면 감사하겠습니다**.
- 논문을 쓰는 데 참고할 만한 자료를 추천**해 주시면 감사하겠습니다**.
- 불가피한 사정으로 출석하지 못하는 것을 이해**해 주시면 감사하겠습니다**.

연습

일이 끝나는 대로 연락해 주실 수 있을까요?

→ _____

과제 제출 마감일을 다시 알려 주실 수 있을까요?

→ _____

> 부탁하는 내용을 공손하게 표현하여 듣는 사람의 부담을 덜어 주는 완곡한 표현입니다. 매우 정중한 표현으로 공적인 상황에서 말할 때나 이메일을 쓸 때 자주 사용합니다.

4 다음 이메일을 완성해 보세요.

❶ 배운 표현을 사용하여 문장을 완성해 보세요.

> 상황
> **발표 팀원을 학생들이 정하게 해 달라고 부탁할 때**

_____아/어 주시기를 부탁드립니다.
_{발표 팀원을 학생들이 정하게 하다}

_____아/어 주시면 감사하겠습니다.
_{학생들의 의견을 받아들여 주다}

❷ 위에서 완성한 문장을 사용하여 다음 이메일을 완성해 보세요.

보내는 사람 : **세마눌 (소비자가족학과 18학번)**
받는 사람 : **이동주 교수님**
용건 : **발표 팀원을 학생들이 정하게 해 달라고 부탁하려고 합니다.**

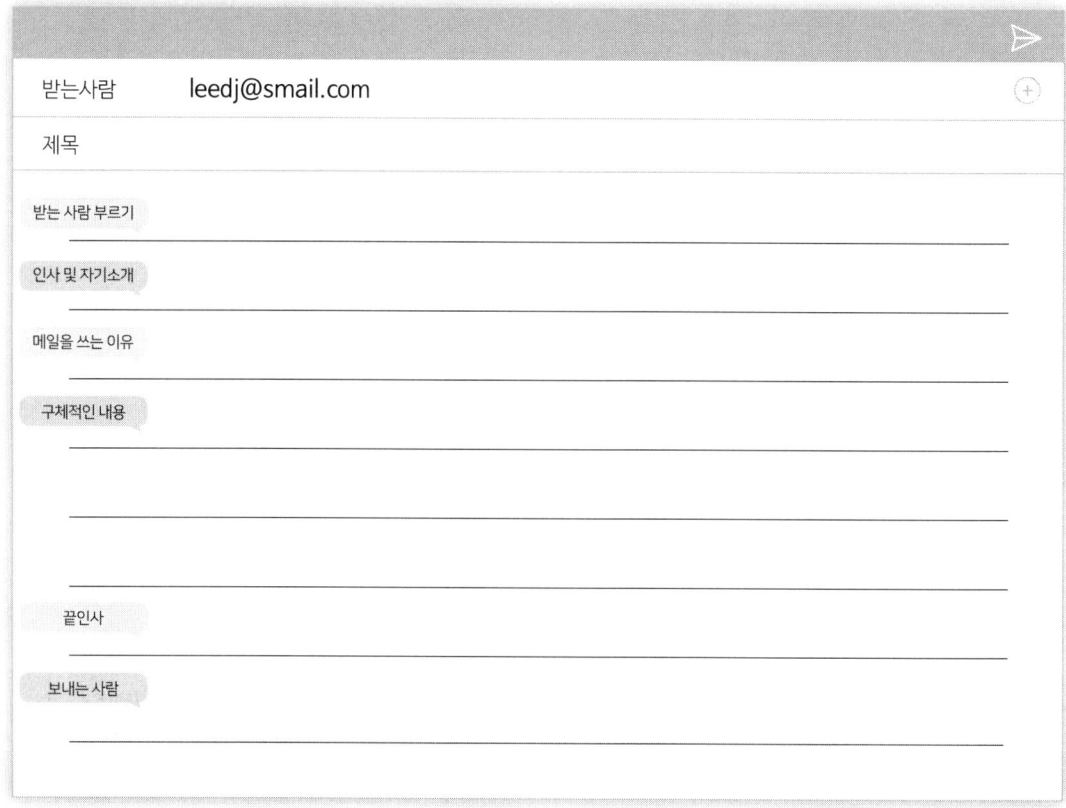

잘 썼는지 확인해 볼까요?

1 다음 이메일을 읽고 실수한 것이 없는지 찾아보세요.

받는 사람	namseonoh@smail.com
제목	장학금 신청을 위한 추천서를 부탁드립니다.

교수님, 안녕하세요?

저는 광고홍보학과 3학년 수하르입니다.
저는 실례지만 교수님께 부탁하는 일이 하나 있습니다. 교수님도 바쁘신데 이런 부탁을 할 수 있는지 저도 잘 모르겠습니다. 그래도 저는 한번 부탁해 봅니다.

요즘 시험이 좀 많은데 저는 정말 간절하게 많이 공부하고 있습니다. 알다시피 학비가 매우 비싸니까 열심히 공부해서 장학금을 받으면 부모님의 부담을 조금 줄일 수 있다고 생각합니다.

그러니까 제가 장학금을 신청하려고 합니다. 교수님께서 저에게 내일까지 추천서를 써 주세요. 교수님의 답장을 기대합니다.

수하르 올림

잠깐만!

추천서를 부탁할 때는 추천인에게 자기 정보를 알려 주세요.

교수님께 추천서를 부탁드릴 때는 먼저 추천서를 써 주실 수 있는지 여쭤 보고 가능하다고 허락하시면 진학하는 대학의 추천서 양식에 자기 정보(인적 사항과 지원 학과 등)를 채운 후 교수님께 이메일로 보내드립니다. 중요한 메일이므로 메일을 보낸 후 메일을 보냈다는 것을 문자로 알려 드리는 것이 좋습니다.
또, 교수님께서 추천서를 작성하는 시간을 고려하여 2주쯤 전에 부탁을 드리는 것이 좋습니다. 그리고 나중에 대학 합격 여부가 발표되면 추천서를 써 주신 교수님께 결과를 알려 드리고 감사의 인사를 드리는 것이 예의입니다.

2. 다음을 보고 실수한 부분을 확인해 보세요.

받는 사람 namseonoh@smail.com

제목 장학금 신청을 위한 추천서를 부탁드립니다.

교수님, 안녕하세요?

저는 광고홍보학과 3학년 수하르입니다.

저는 실례지만 교수님께 부탁하는 일이 하나 있습니다. 교수님도 바쁘신데 이런 부탁을
〔'실례지만'은 주로 대화에서 사용하는 표현입니다.〕 〔이메일을 쓰는 목적을 밝힐 때는 목적의 내용을 분명히 밝히는 것이 좋습니다.〕
할 수 있는지 저도 잘 모르겠습니다. 그래도 저는 한번 부탁해 봅니다.

요즘 시험이 좀 많은데 저는 정말 간절하게 많이 공부하고 있습니다. 알다시피 학비가
〔웃어른께는 높임말로 최대한 공손하게 씁니다.〕
매우 비싸니까 열심히 공부해서 장학금을 받으면 부모님의 부담을 조금 줄일 수 있다고
〔'-(으)니까' 표현보다는 '-아/어서'나 '-(으)므로' 표현이 더 정중하게 느껴집니다.〕
생각합니다.

그러니까 제가 장학금을 신청하려고 합니다. 교수님께서 저에게 내일까지 추천서를 써
〔추천서를 너무 급하게 부탁하는 것은 예의에 맞지 않습니다〕
주세요. 교수님의 답장을 기대합니다.
〔'-(으)세요'를 쓰면 명령하는 느낌이 들어서 정중한 표현이 아닙니다.〕
〔메일 마지막에는 적당한 끝인사를 쓰는 것이 좋습니다.〕

수하르 올림

3 실수한 부분을 고쳐서 정확하게 다시 써 보세요.

문자는 이렇게 쓰세요

선영아. 이번 주에 내가 <현대 사회의 이해> 시간에 발표를 해야 하는데 자신이 없어서 말이야. 네가 발표 원고를 좀 봐 주면 안 될까?

-(으)면 안 될까(요)?
부탁하는 것을 부드럽게 표현할 때 사용합니다.

네가 우리 학교 근처로 _____?
　　　　　　　　　　　오다

금요일에 수업이 늦게 끝나거든.

-아/어다 줘
어떤 일을 상대방에게 해 달라고 부탁할 때 사용합니다. 보통 어떤 물건을 준비하여 그것을 가지고 장소를 이동할 것을 부탁할 때 사용하는 표현입니다.

학교에 올 때 내 지갑 좀 _____.
　　　　　　　　　　　　가지다

깜박 잊어버리고 지갑을 놓고 왔어.

케빈~ 내가 오늘 저녁 준비 당번인데 준비하려고 보니까 간장이 다 떨어졌어. 간장 좀 사다 줘.

알았어. 내가 사다 줄게. 더 필요한 건 없어?

Unit 5

수강이 가능한지 여쭤 보려고 메일을 드립니다

들어가기

1 다음을 읽고 이메일을 어떻게 쓰면 좋을지 생각해 보세요.

이메일 어떻게 쓸까요? 1

1. 다음 이메일을 읽어 보세요.

받는 사람	leemr@smail.com
제목	〈사회학 원론〉 수강 문의

이미라 교수님께

안녕하십니까? 교수님
저는 철학과 18학번 강철수입니다. 방학 중에 연락을 드려 죄송합니다.
다름이 아니라 다음 학기에 개설되는 〈사회학 원론〉을 수강하고 싶어서 가능한지 여쭤보려고 메일을 드립니다.

저는 지난 학기부터 사회학을 부전공으로 공부하고 있습니다. 고등학교 때 '사회과학방법론'이라는 수업을 들으면서 사회학을 계속 탐구하고 싶다는 생각을 했습니다.

그래서 이번 학기에 〈사회학 원론〉을 수강하고 싶은데 1학년만 들을 수 있다고 되어 있습니다. 과 사무실에서는 교수님께서 허락해 주신다면 가능하다고 합니다. 큰 문제가 없다면 수강을 허락해 주실 수 있으신지요? 수강을 허락해 주신다면 열심히 공부하도록 하겠습니다.

그럼 좋은 소식을 기대하며 이만 줄이겠습니다. 감사합니다.

철학과 강철수 올림

2. 위 글을 읽고 대답해 보세요.

① 누가 누구에게 쓴 이메일입니까? 두 사람은 어떤 관계입니까?

② 철수 씨가 이 과목을 수강하고 싶어 하는 이유는 무엇입니까?

③ 철수 씨가 이메일을 보낸 이유는 무엇입니까?

3. 다음 표현을 공부해 보세요.

다름이 아니라

- **다름이 아니라** 여쭤 보고 싶은 것이 있어서 연락드립니다.
- **다름이 아니라** 보내주신 물건이 주문한 물건과 다른 것 같습니다.
- **다름이 아니라** 이번에 진행되는 프로젝트의 상세한 일정을 알고 싶습니다.

연습

다음 회의에 참석하지 못할 것 같아요.
→ _____

원고 제출 마감이 언제인지 알고 싶어서 연락드려요.
→ _____

> 다른 이야기를 가볍게 하다가 하고자 하는 말을 본격적으로 시작할 때 사용합니다. 그래서 '다름이 아니라' 뒤에 나오는 내용이 이메일을 쓰는 이유가 됩니다. 이메일에서 '다름이 아니라'를 사용하면 이메일을 쓰는 목적을 조심스럽게 꺼내는 느낌으로 공손한 표현이 됩니다.

-(으)ㄴ/는지 여쭤 보려고

- 몇 시쯤 도착하시**는지 여쭤 보려고** 연락을 드립니다.
- 회의 시간 변경이 가능**한지 여쭤 보려고** 메일을 드립니다.
- 이번 학기에 수업이 없는 날이 언제**인지 여쭤 보려고** 합니다.

연습

새로 나온 제품의 디자인이 어때요?
→ _____

저희 사무실로 방문해 주실 수 있어요?
→ _____

> '-(으)ㄴ/는지 여쭤 보려고'의 앞에 물어 보고 싶은 내용을 쓰고, '-(으)ㄴ/는지 여쭤 보려고'의 뒤에는 '합니다', '연락을 드립니다', '메일을 드립니다' 등을 씁니다. 격식을 갖춰 말하거나 정중하게 이메일을 쓸 때 많이 사용합니다.

4. 다음 이메일을 완성해 보세요.

❶ 배운 표현을 사용하여 문장을 완성해 보세요.

> 상황
> **학과 사무실에 휴학 절차를 물어볼 때**

다름이 아니라 _____
　　　　　　　다음 학기에 사정이 있어서 고향에 돌아가야 하다

_____ (으)ㄴ/는지 여쭤 보려고 연락을 드립니다.
　　휴학을 어떻게 할 수 있다

❷ 위에서 완성한 문장을 사용하여 다음 이메일을 완성해 보세요.

보내는 사람 : **하루카 (컴퓨터공학과 2학년)**
받는 사람 : **학과 사무실 조교**
용건 : **휴학 절차를 물어 보려고 합니다.**

| 받는사람 | office09@smail.com |
| 제목 | |

받는 사람 부르기
_____

인사 및 자기소개
_____

메일을 쓰는 이유
_____

구체적인 내용
_____
_____
_____

끝인사
_____

보내는 사람
_____

수강이 가능한지 여쭤 보려고 메일을 드립니다

이메일 어떻게 쓸까요? 2

1 다음 이메일을 읽어 보세요.

받는사람   mn99@smail.com

제목   장학금 신청에 관한 문의

건축학과 조교님께

안녕하세요?
저는 이번에 건축학과에 입학하게 된 신입생 로안입니다. 한국에서 건축학 공부를 꼭 해 보고 싶었는데 이렇게 입학하게 되어 무척 기쁩니다.

그런데 한 가지 궁금한 점이 있어서 메일을 드립니다. 제가 고향인 베트남에서 대학을 졸업하고 이번에 다시 한국의 대학에 입학하게 되어 부모님께서 큰 부담을 느끼고 계십니다. 그래서 외국인의 장학금 신청에 관해 문의드립니다. 신청할 수 있다면 어떤 조건이 필요한지도 알고 싶습니다.

제가 학교에 다니면서 아르바이트를 할 계획이지만 아직 한국 생활에 익숙하지 않기 때문에 아르바이트를 구하는데 시간이 걸릴 것 같습니다. 장학금을 받을 수 있다면 학업에 더욱 집중할 수 있지 않을까 생각합니다. 부디 제가 장학금을 받을 수 있도록 도와주시면 감사하겠습니다.

그럼 개강하면 학교에서 뵙도록 하겠습니다. 안녕히 계십시오.

신입생 로안 올림

---

2 위 글을 읽고 대답해 보세요.

① 누가 누구에게 쓴 이메일입니까?

② 이 사람이 메일을 쓴 이유는 무엇입니까?

③ 장학금을 받고 싶어 하는 이유는 무엇입니까?

3 다음 표현을 공부해 보세요.

에 관해 문의드립니다

- 휴일 근무 수당**에 관해 문의드립니다**.
- 박물관 단체 관람료**에 관해 문의드립니다**.
- 중앙 도서관 도서 대출 기간**에 관해 문의드립니다**.

연습

수강 신청 기간을 알고 싶습니다.
→ _____

대학원 석사 학위 논문 제출 자격을 알고 싶습니다.
→ _____

> 어떤 주제에 대해 물어볼 때 사용하는 표현입니다. 이메일이나 문자에서 정중하게 문의할 때 많이 사용합니다.

-지 않을까 생각합니다

- 물품 단가가 내려가면 물건이 더 많이 팔리**지 않을까 생각합니다**.
- 조별 활동을 하면 학생들이 적극적으로 참여하**지 않을까 생각합니다**.
- 부전공을 선택하여 더 공부한다면 취직할 때 더 유리하**지 않을까 생각합니다**.

연습

눈이 너무 많이 오면 여행을 가기 어려울 것 같아요.
→ _____

수학을 잘하면 경제학을 공부할 때 유리할 것 같아요.
→ _____

> 자신이 그럴 것이라고 추측하는 내용을 표현할 때 씁니다. '-(으)ㄹ 거라고 생각합니다'와 뜻에 차이가 없는데 '-지 않을까'를 사용하여 조심하고 주저하는 느낌이 들기 때문에 더 공손한 느낌을 줍니다.

수강이 가능한지 여쭤 보려고 메일을 드립니다

4 다음 이메일을 완성해 보세요.

❶ 배운 표현을 사용하여 문장을 완성해 보세요.

상황

기숙사 신청에 대해 물어볼 때

_____에 관해 문의드립니다.
　　　　　　　기숙사 신청 자격

_____지 않을까 생각합니다.
　　　기숙사에서 살 수 있다면 경제적으로 많은 도움이 되다

❷ 위에서 완성한 문장을 사용하여 다음 이메일을 완성해 보세요.

보내는 사람: **리다 (외교학과 신입생/리비아)**
받는 사람: **행정실 기숙사 담당자**
용건: **외국인도 기숙사를 신청할 수 있는지 물어보려고 합니다.**

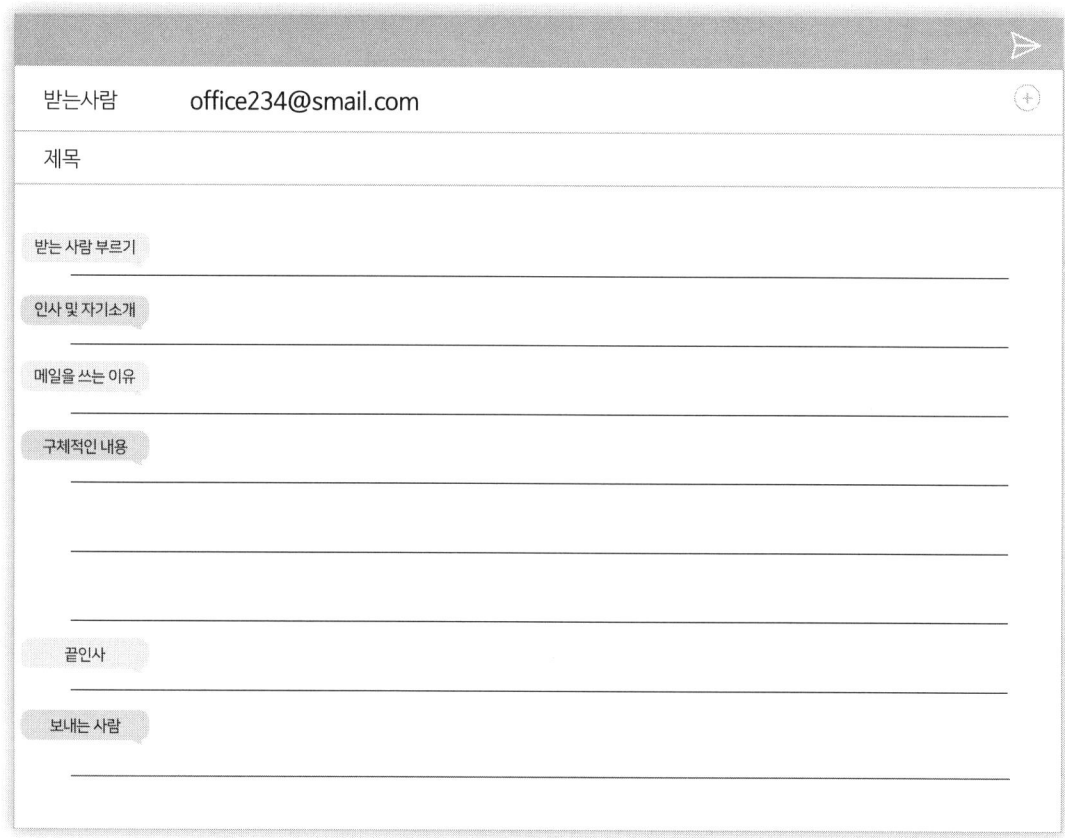

잘 썼는지 확인해 볼까요?

1 다음 이메일을 읽고 실수한 것이 없는지 찾아보세요.

받는 사람	office234@smail.com
제목	외국인의 기숙사 신청 문의

저는 외교학과 신입생 리다입니다.
그런데 이번 학기에 기숙사를 신청하려고 하는데 외국인이 신청할 수 있는지 없는지 묻고 싶습니다.

외국인은 한국에 집이 없으니까 기숙사에 살면 좋다고 생각합니다. 그러니까 저한테 기숙사를 주기 바랍니다.

기숙사 신청을 어디에서 어떻게 합니까? 한 달에 얼마입니까? 질문이 많아서 미안합니다. 기숙사에 가면 열심히 공부하도록 하겠습니다.
고맙습니다.

리다 올림

잠깐만!

이메일을 쓸 때는 최대한 정중하고 공손한 표현을 쓰세요.

이메일을 쓸 때는 상대방을 직접 만나 이야기하는 것이 아니므로 오해하지 않도록 최대한 공손하고 정중하게 쓰는 것이 좋습니다. 자주 사용하는 표현들 중에서 더 정중하게 사용하면 좋은 표현들이 있습니다. 예를 들어 '고맙습니다'보다는 '감사합니다'라는 표현이 더 정중하고, '미안합니다'보다는 '죄송합니다'라는 표현이 더 공손합니다. 또 '다음에 봅시다'보다는 '다음에 뵙겠습니다', '오후에 찾아가도 좋습니까?'보다는 '오후에 찾아가도 괜찮으신지요?'라고 쓰는 것이 더 정중하고 공손한 느낌을 줍니다.

2 다음을 보고 실수한 부분을 확인해 보세요.

받는 사람: office234@smail.com
제목: 외국인의 기숙사 신청 문의

> 먼저 받는 사람을 부르고 첫인사를 한 후 자기소개를 합니다.

저는 외교학과 신입생 리다입니다.

그런데 이번 학기에 기숙사를 신청하려고 하는데 외국인이 신청할 수 있는지 없는지

> 본론을 꺼낼 때 좀 더 조심스럽게 말을 꺼내는 표현을 쓰면 읽는 사람에게 부담이 덜 되어 정중한 느낌이 듭니다.

묻고 싶습니다.

> '묻다' 보다 '여쭈다' 라는 높임말을 쓰는 것이 더 공손합니다.

외국인은 한국에 집이 없으니까 기숙사에 살면 좋다고 생각합니다. 그러니까 저한테

> 이메일에서는 단정적인 표현보다 추측의 표현을 쓰면 더 공손하게 들립니다.

기숙사를 주기 바랍니다.

> 요구하는 표현을 쓰면 상대방에게 기분 나쁘게 들릴 수 있습니다.

기숙사 신청을 어디에서 어떻게 합니까? 한 달에 얼마입니까? 질문이 많아서

> '-는지 문의드립니다'를 사용하면 더 정중한 표현입니다.

미안합니다. 기숙사에 가면 열심히 공부하도록 하겠습니다. 고맙습니다.

> '죄송합니다'가 더 정중한 표현입니다.   '감사합니다'가 더 정중한 표현입니다.

리다 올림

3. 실수한 부분을 고쳐서 정확하게 다시 써 보세요.

문자는 이렇게 쓰세요

선영아. 안녕? 나 신페이야. 내가 지난 주 <영어 기초> 시간에 결석을 해서 그러는데 네가 필기한 것 좀 빌려 줄 수 있을까?

물론이지. 내가 십 분 뒤에 전화할게.

-아/어 줄 수 있을까(요)?
허락을 구하는 표현으로 조심스럽게 물어볼 때 사용합니다.

은수야. 우리 약속을 삼십 분 _____
　　　　　　　　　　　　　　　　늦추다

금요일 저녁이라서 길이 많이 막힐 것 같아서.ㅠㅠ

-나요?
물어볼 때 '-나요?'를 사용하면 딱딱하지 않고 부드러운 느낌을 줍니다.

선배님, 혹시 모임 시간이 _____?
　　　　　　　　　　　　　　변경되다

약속 장소에 왔는데 아무도 없어서요.

안녕하세요. 5월 5일 3인실 예약하려고 하는데요. 그 날 방이 비어 있나요?

저희 펜션에 연락 주셔서 감사합니다. 아직 방이 남아 있습니다. 예약 원하시면 연락 주세요.

Unit 6

✉

미리 연락드렸어야 했는데 그러지 못해 죄송합니다

들어가기

1 다음을 읽고 이메일을 어떻게 쓰면 좋을지 생각해 보세요.

이메일 어떻게 쓸까요? ①

1. 다음 이메일을 읽어 보세요.

받는 사람	chohs@smail.com
제목	사과의 말씀 드립니다. (황티엔)

조흥수 교수님께

교수님, 안녕하세요.
경영학과 4학년 황티엔입니다. 제가 어제 〈경제학개론〉 시간에 3조 발표를 맡았었는데 부득이한 사정으로 출석하지 못했습니다. 이에 사과의 말씀을 드리고자 메일을 드립니다.

어제 학교에 가는 길에 제가 탄 버스가 사고가 났습니다. 그래서 곧바로 승객이 모두 경찰서와 병원에 가게 되어 경황이 없었습니다. 교수님께 미리 연락을 드렸어야 했는데 연락을 드리지 못해서 대단히 죄송합니다.

발표자 대신 다른 조원이 갑자기 발표하는 바람에 수업이 원활하게 진행되지 못했다고 들었습니다. 다른 조원들의 잘못이 아니고 저의 실수로 일어난 일이니 교수님께서 널리 양해해 주시기를 바라며 앞으로는 이런 일이 없도록 하겠습니다.

다시 한번 죄송하다는 말씀을 드리며 앞으로 더욱 성실하게 열심히 공부하도록 하겠습니다.

황티엔 올림

2. 위 글을 읽고 대답해 보세요.

① 누가 누구에게 쓴 이메일입니까?

② 이 사람은 무엇에 대해 사과하고 있습니까?

③ 이 사람이 수업에 가지 못한 이유는 무엇입니까?

3. 다음 표현을 공부해 보세요.

-았/었어야 했는데 -지 못해서

- 좀 더 일찍 말씀 **드렸어야 했는데** 말씀드리**지 못해서** 죄송합니다.
- 금액을 미리 확인을 **했어야 했는데** 확인하**지 못해서** 착오가 생겼습니다.
- 출발 전에 서류를 챙**겼어야 했는데** 챙기**지 못해서** 이렇게 부탁을 드립니다.

연습

마감 전에 등록을 못해서 연락드려요.

→ _____

제출 전에 한 번 더 꼼꼼히 못 봐서 죄송해요.

→ _____

'-았/었어야 했는데 -지 못해서'는 해야 했던 것을 하지 못한 경우 후회를 할 때 사용하는 표현입니다. '-지 못해서'를 사용하여 '못-'을 사용하는 것보다 더 공손한 느낌을 줍니다.

-다는 말씀을 드립니다

- 이번 프로젝트는 함께 하기 어렵겠**다는 말씀을 드리게 되**어 죄송합니다.
- 저희의 제안을 흔쾌히 승낙해 주셔서 감사하**다는 말씀을 드리며** 추후에 직접 뵙고 일정을 말씀 드리도록 하겠습니다.
- 연결해 드린 분이 조건에 맞으시다니 저도 기쁘**다는 말씀을 드리며** 사업이 잘 되시기를 기원합니다.

연습

약속한 기한보다 늦어져서 죄송하고 앞으로는 시간을 잘 지키겠습니다.

→ _____

작업이 마음에 드신다니 저도 기쁘고 다른 기회에 또 함께 하기를 바랍니다.

→ _____

'-다는 말씀을 드립니다'는 자신이 생각하는 내용을 매우 공손하게 표현할 때 사용합니다. 보통 자신의 감정을 표현하는 단어와 같이 쓰며 공적인 상림의 이메일을 쓸 때 많이 사용합니다.

4 다음 이메일을 완성해 보세요.

❶ 배운 표현을 사용하여 문장을 완성해 보세요.

상황 과제를 제출 마감일보다 늦게 제출할 때

_____ 았/었어야 했는데 _____ 지 못해서 죄송합니다.
　　기한 내에 내다　　　　　　　　　　　　　시간을 지키다

_____ 다는 말씀을 드리며 다음 과제는 제출 마감일을 꼭 지키도록 하겠습니다.
　정말 죄송하다

❷ 위에서 완성한 문장을 사용하여 다음 이메일을 완성해 보세요.

보내는 사람: **리신야오(심리학과 3학년)**
받는 사람: **김정현 교수님**
용건: **과제의 제출 기한을 넘긴 후에 과제를 제출하려고 합니다.**

이메일 어떻게 쓸까요? 2

1 다음 이메일을 읽어 보세요.

받는사람   kimwo@smail.com

제목   약속 날짜를 지키지 못해 죄송합니다. (량원)

선배님께

안녕하세요? 선배님.

요즘 발표 준비 때문에 바쁘시지요? 제가 선배님을 잘 도와 드리겠다고 약속을 했는데 죄송하다는 말씀을 드리게 되었습니다. 내일까지 번역을 완성해 드리기로 했는데 약속 날짜를 지키지 못할 것 같습니다.

제가 어젯밤에 갑자기 장염 때문에 응급실에 다녀오느라고 아직 번역을 완성하지 못했습니다. 정말 죄송합니다. 괜찮으시면 모레까지 해 드려도 되는지요? 모레까지 시간을 주시면 제가 완벽하게 정리해서 보내 드리도록 하겠습니다.

선배님이 준비하시는 데 심려를 끼쳐 드려 정말 죄송합니다.

량원 올림

2 위 글을 읽고 대답해 보세요.

❶ 누가 누구에게 쓴 이메일입니까?

❷ 이 사람이 메일을 쓴 이유는 무엇입니까?

❸ 이 사람이 일을 끝내지 못한 이유는 무엇입니까?

❹ 이 사람이 약속한 내용은 무엇입니까?

3 다음 표현을 공부해 보세요.

-느라고 -지 못했습니다

- 고향에 급히 갔다 **오느라고** 메일을 확인하**지 못했습니다**.
- 중간시험을 준비하**느라고** 연습에 참가하**지 못했습니다**.
- 밀린 주문을 처리하**느라고** 문의에 신속히 답해 드리**지 못했습니다**.

연습

교외 대회에 참가했기 때문에 수업에 못 왔어요.
→ _____

교수님을 도와 드렸기 때문에 어제 동아리 활동에 못 나갔어요.
→ _____

> '-느라고 -지 못했습니다'는 행동을 하지 못한 이유를 표현할 때 사용합니다. '-느라고'의 뒤에는 부정적인 결과가 나오는데 '-지 못하다'를 사용하여 메일을 받는 사람의 기분이 상하지 않도록 부드럽게 표현합니다.

을/를 끼쳐 드려 죄송합니다

- 선생님께서 연구하시는 데 폐**를 끼쳐 드려 죄송합니다**.
- 갑작스럽게 장소를 옮겨 고객님께 불편**을 끼쳐 드려 죄송합니다**.
- 일을 진행하시느라 정신이 없으실 텐데 걱정**을 끼쳐 드려 죄송합니다**.

연습

그동안 저 때문에 걱정하시게 해서 죄송해요.
→ _____

출발 시간이 늦어져서 불편하게 해 드려 죄송해요.
→ _____

> '을/를 끼쳐 드려 죄송합니다'는 메일을 받는 사람에게 죄송하다고 사과할 때 사용하는 격식적인 표현입니다. 이 외에도 '걱정을 끼쳐 드려 죄송합니다', '불편을 끼쳐 드려 죄송합니다', '폐를 끼쳐 드려 죄송합니다'를 많이 사용합니다.

4 다음 이메일을 완성해 보세요.

❶ 배운 표현을 사용하여 문장을 완성해 보세요.

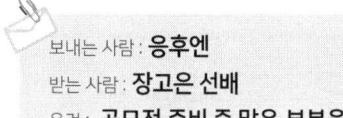

공모전 준비 중 맡은 부분을 다 하지 못해서 사과할 때

_____느라고_____지 못했습니다.
　　　고향에 급한 일이 생겨 다녀오다　　　　　　　　　　맡은 부분을 끝내다

공모전을 준비하느라 바쁜데 _____를 끼쳐 드려 죄송합니다.
　　　　　　　　　　　　　　　　　　심려

❷ 위에서 완성한 문장을 사용하여 다음 이메일을 완성해 보세요.

보내는 사람: **응후엔**
받는 사람: **장고은 선배**
용건: **공모전 준비 중 맡은 부분을 완성하지 못해서 사과하려고 합니다.**

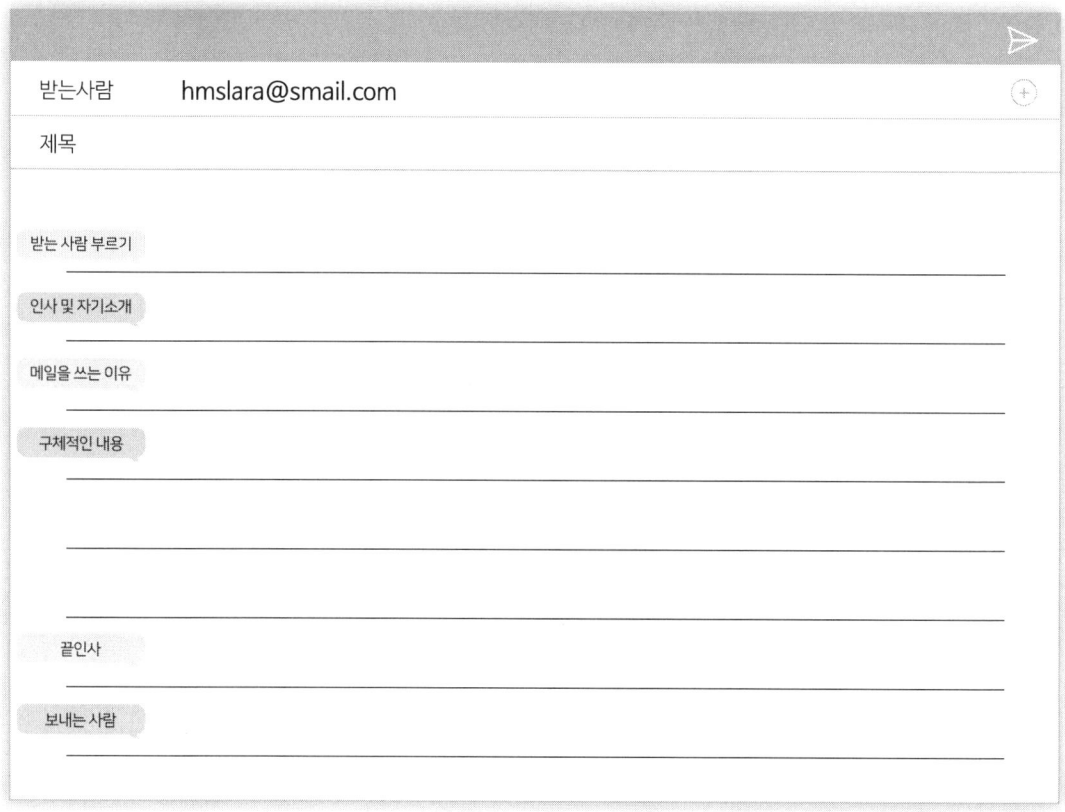

잘 썼는지 확인해 볼까요?

1 다음 이메일을 읽고 실수한 것이 없는지 찾아보세요.

받는 사람	hmslara@smail.com
제목	공모전 준비를 끝내지 못해서 죄송합니다.

장고은 선배님께

안녕하세요? 저는 응후엔이라고 합니다.

제가 선배님께 이메일을 보내는 이유는 다름이 아니라 이번 공모전 준비 때문입니다. 제가 갑자기 고향집에 다녀오느라고 맡은 부분을 완성하지 못했습니다. 정말 죄송합니다. 저 때문에 생긴 문제들이 선배님에게 고민을 주는 것을 정말 미안합니다.

혹시 시간을 조금 더 주시면 괜찮습니까? 2일 정도면 완성할 수 있습니다.

저를 용서하기를 바랍니다.

응후엔 올림

잠깐만! 부사를 넣어 자신의 마음을 공손하게 표현하세요.

'대단히', '정말', '진심으로', '절대', '언제든지', '부디', '다시 한번' 등의 부사를 사용하여 공손하게 자신의 마음을 표현할 수 있습니다. '대단히 감사합니다', '절대 잊지 않겠습니다', '진심으로 사과드립니다', '부디 양해해 주시기 바랍니다', '다시 한번 죄송하다는 말씀을 드립니다' 등으로 부사를 사용하여 표현하면 공손한 마음을 강조하게 됩니다.

2 다음을 보고 실수한 부분을 확인해 보세요.

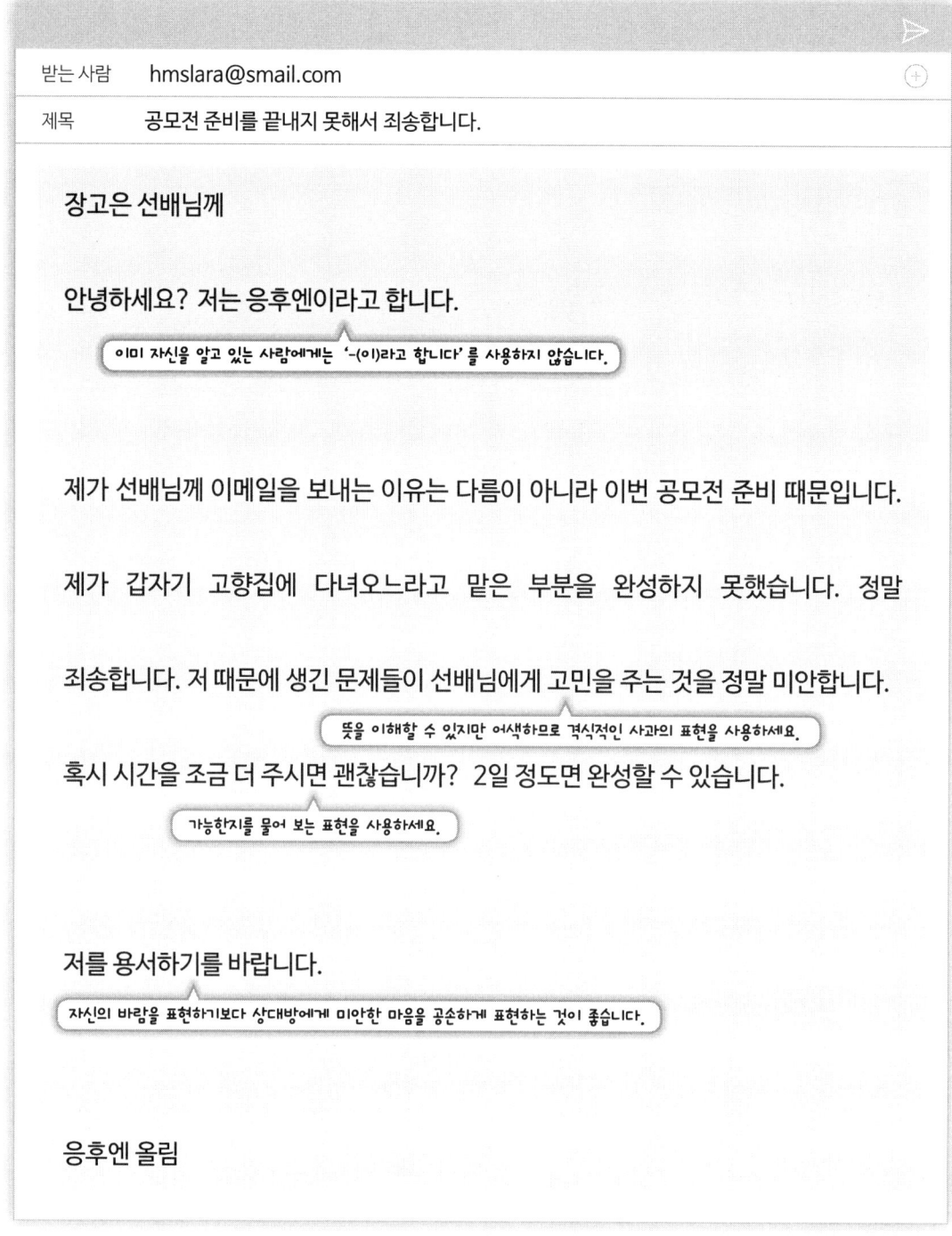

3 실수한 부분을 고쳐서 정확하게 다시 써 보세요.

문자는 이렇게 쓰세요

정호야, 미안하지만 우리 모레 만나기로 한 약속을 미뤄야 할 것 같아. 정말 미안해. 이번 과제가 현장 체험인데 그쪽에서 모레밖에 시간이 안 된대. 주말에 만나면 안 될까? 대신 내가 맛있는 점심 살게.

할 수 없지, 뭐. 그럼 일요일에 만나자.

미안하지만

사과를 하기 위해 상대방에게 먼저 미안한 마음을 표현하면서 말을 시작할 때 사용하는 표현입니다.

지민아, _____ 내일 약속 시간을 한 시간만
   　　　미안하다

늦출 수 있을까?

-아/어서 죄송해요

잘못한 점이나 사과의 내용을 구체적으로 밝히면서 사과할 때 사용하는 표현입니다.

어제는 바쁘신데 시간을 너무 많이 _____

_____. 선배님 덕분에 문제를 쉽게
　　뺏은 것 같다

해결할 수 있을 것 같아요.

선배! 어제 잘 들어가셨죠? 제가 어제 너무 많이 마셨나 봐요. 선배한테 실수를 한 것 같아서 죄송해요. 기분 많이 상하셨어요? 앞으로는 이런 일 없도록 조심할게요.

특별히 실수한 건 없으니 걱정하지 마.

Unit 7

다양한 색상의 가방을 만들어 주셨으면 합니다

들어가기

1 다음을 읽고 이메일을 어떻게 쓰면 좋을지 생각해 보세요.

이메일 어떻게 쓸까요? 1

1. 다음 이메일을 읽어 보세요.

받는 사람	joabag@amail.com
제목	201 모델의 색상 제안

미림 가방 제품 개발 담당자님께

안녕하십니까? 저는 하나 온라인 몰을 운영하고 있는 김수영이라고 합니다.
저희 하나 온라인 몰은 젊은 대학생들에게 인기 있는 가방을 판매하는 회사입니다. 이번에 귀사에서 새로 출시한 가방 201모델에 많은 관심을 가지고 있습니다. 디자인이 참신하여 많은 소비자들이 좋아할 것으로 기대하고 있습니다. 좋은 가방을 만들어 주셔서 감사합니다. 다만 가방에 대해 한 가지 아쉬운 점이 있어서 그것에 대해 말씀드리고자 메일을 드립니다.

이 가방은 현재 색상이 까만색밖에 없어서 소비자가 제품을 선택할 수 있는 폭이 좁습니다. 그래서 다른 색상의 가방도 만들어 주셨으면 합니다. 가방의 색상이 더 다양하다면 소비자들이 고를 수 있는 선택의 폭도 넓어질 것입니다.

좋은 가방을 만들어 주신 것에 대해 다시 한번 감사드리며 앞으로 귀사의 무궁한 발전을 바랍니다. 감사합니다.

하나 온라인 몰 대표 김수영 올림

2. 위 글을 읽고 대답해 보세요.

① 김수영 씨는 어떤 일을 하고 있습니까? 메일을 쓴 이유는 무엇입니까?

② 김수영 씨는 이 가방의 좋은 점이 뭐라고 생각합니까?

③ 김수영 씨가 제안하는 내용은 무엇입니까? 그 이유는 무엇입니까?

다양한 색상의 가방을 만들어 주셨으면 합니다

3 다음 표현을 공부해 보세요.

-아/어 주셨으면 합니다

- 강의실을 더 넓은 곳으로 바**꿔 주셨으면 합니다**.
- 이 옷은 소매가 잘못 만들어졌으니 환불**해 주셨으면 합니다**.
- 시간이 너무 촉박하니 발표 날짜를 연기**해 주셨으면 해서** 연락을 드립니다.

연습

연락처를 알려 주세요. → _____

파일을 다시 보내 주세요. → _____

> 자신이 원하는 것을 정중하게 제안할 때 사용하는 표현입니다. 이메일에서는 자신의 의견을 직접적으로 드러내는 '-아/어 주세요'를 사용하지 않고 '-아/어 주셨으면 합니다'와 같이 조심스럽게 자신의 의견을 표현합니다.

-다면 -(으)ㄹ 것입니다

- 새 사무실로 이전한**다면** 소음 문제는 해결**될 것입니다**.
- 부품의 가격이 인상된**다면** 물건 가격에도 영향을 미**칠 것입니다**.
- 공항에서 시내까지 교통편 제공을 원하신**다면** 요금이 추가**될 것입니다**.

연습

새 메뉴를 개발하면 손님들이 더 많아질 거예요.

→ _____

참석자들이 발표 시간을 잘 지키면 일정대로 진행될 거예요.

→ _____

> '-다면'의 앞의 내용이 이루어지면 그로 인해 뒤에 어떤 상황의 변화가 일어날 것이라는 뜻입니다. 제안하고 싶은 내용을 가정의 형태로 표현하여 직접적으로 제안하지 않고 완곡하게 표현하기 때문에 공손한 느낌을 줍니다. '-(으)면 -(으)ㄹ 거예요'와 비슷한 뜻이지만 '-다면 -(으)ㄹ 것입니다'가 더 공손한 표현입니다.

4 다음 이메일을 완성해 보세요.

❶ 배운 표현을 사용하여 문장을 완성해 보세요.

> **상황** 학생 식당에 채식 메뉴를 추가해 달라고 제안할 때

_____ 아/어 주셨으면 합니다.
　　　　학생 식당 메뉴에 채식 메뉴를 추가하다

_____ 다면 _____ (으)ㄹ 것입니다.
채식 메뉴를 추가해 주시다　　　채식을 하는 학생들도 식사를 할 수 있다

❷ 위에서 완성한 문장을 사용하여 다음 이메일을 완성해 보세요.

보내는 사람: **카일리(화학공학과)**
받는 사람: **학생 식당 영양사님**
용건: **학생 식당에 채식 메뉴를 추가해 달라고 제안하려고 합니다.**

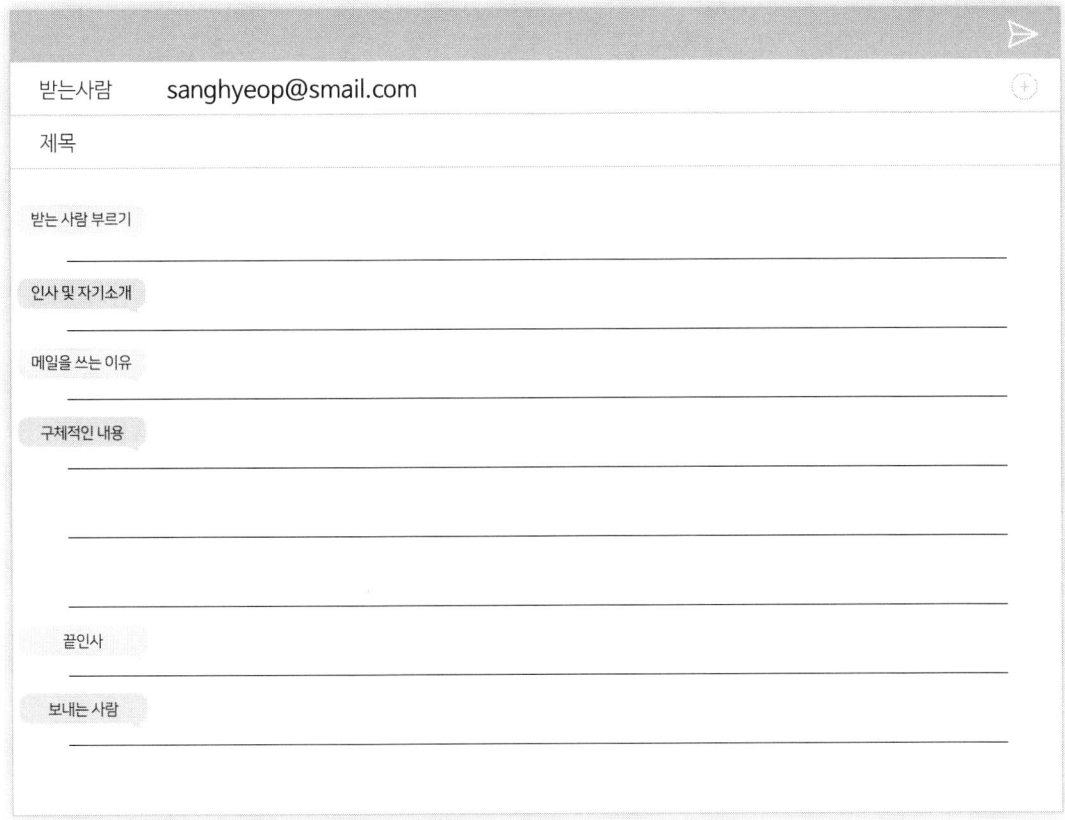

이메일 어떻게 쓸까요? 2

1 다음 이메일을 읽어 보세요.

받는사람	mn99@smail.com
제목	선배님, 1학년 이준서입니다.

선배님께

안녕하세요? 선배님.
사회학과 1학년 대표 이준서입니다.
곧 중간시험이 시작되어 바쁘실 텐데 연락드려 죄송합니다. 중간시험 이후에 2학년 선배님들과 1학년 학생들이 모여 간단하게 체육대회를 하면 어떨까 하여 메일을 드립니다.

대학 생활을 시작한 지 세 달이 지났지만 아직도 대학 생활이 쉽지 않습니다. 학과 공부도 어렵고 시간 관리도 잘 못해서 어떻게 해야 할지 고민이 많습니다. 그래서 선배님들과 같이 체육대회를 하면서 학교생활에 대한 좋은 이야기를 듣고 싶은데 어떻게 생각하세요? 체육대회를 하게 된다면 중간시험이 끝난 후 주말에 하면 좋을 듯합니다.

바쁘시겠지만 메일 보시고 바로 의견을 주시면 감사하겠습니다.

1학년 대표 이준서 올림

2 위 글을 읽고 대답해 보세요.

① 누가 누구에게 쓴 이메일입니까?

② 이 사람이 메일을 쓴 이유는 무엇입니까?

③ 메일을 쓴 사람이 체육대회를 하고 싶어 하는 이유는 무엇입니까?

3. 다음 표현을 공부해 보세요.

-(으)면 어떨까 합니다

- 메일을 안 보는 경우도 있으니 문자를 보내**면 어떨까 합니다.**
- 이번 여행은 회원들이 편하게 쉴 수 있는 곳으로 가**면 어떨까 합니다.**
- 직원들이 야근하는 일이 없도록 업무 지시를 오전에 해 주시**면 어떨까 합니다.**

연습
회의를 한 주 연기합시다. → _____
기숙사 입구에 CCTV를 설치합시다. → _____

> 자신의 의견을 조심스럽게 제안할 때 사용합니다. 이메일에서는 자기주장을 강하게 하지 않으므로 '-(으)ㅂ시다'라고는 잘 쓰지 않고 '-(으)면 어떨까 합니다'라고 공손하게 표현합니다.

-(으)면 좋을 듯합니다

- 비용을 줄이려면 각자 집에서 점심을 준비해 오**면 좋을 듯합니다.**
- 부품을 바꿀 경우 발생하는 비용을 확인한 후 주문하**면 좋을 듯합니다.**
- 회사 도서관에도 좋은 책들이 많으니까 거기에서 책을 빌리**면 좋을 듯합니다.**

연습
문자로 연락하면 좋겠어요. → _____
직접 만나서 의논하는 게 좋겠어요. → _____

> '-(으)ㄹ 듯하다'는 추측의 표현이지만 자신의 생각을 완곡하게 표현할 때도 사용합니다. '-(으)면 좋을 듯합니다'를 사용하면 자기 생각을 유보하는 느낌을 주어 더욱 공손한 표현이 됩니다.

4 다음 이메일을 완성해 보세요.

❶ 배운 표현을 사용하여 문장을 완성해 보세요.

상황 학과 사무실에 있는 책 대출을 제안할 때

_____(으)면 어떨까 합니다.
학과 사무실에 있는 전공 책을 학생들에게 대출해 주다

_____(으)면 좋을 듯합니다.
필요한 학생들이 빌려볼 수 있다

❷ 위에서 완성한 문장을 사용하여 다음 이메일을 완성해 보세요.

보내는 사람 : 산드라(국제학부 4학년)
받는 사람 : 학과 사무실 조교
용건 : 학과 사무실에 있는 전공 도서를 학생들에게 대출해 달라는 제안을 하려고 합니다.

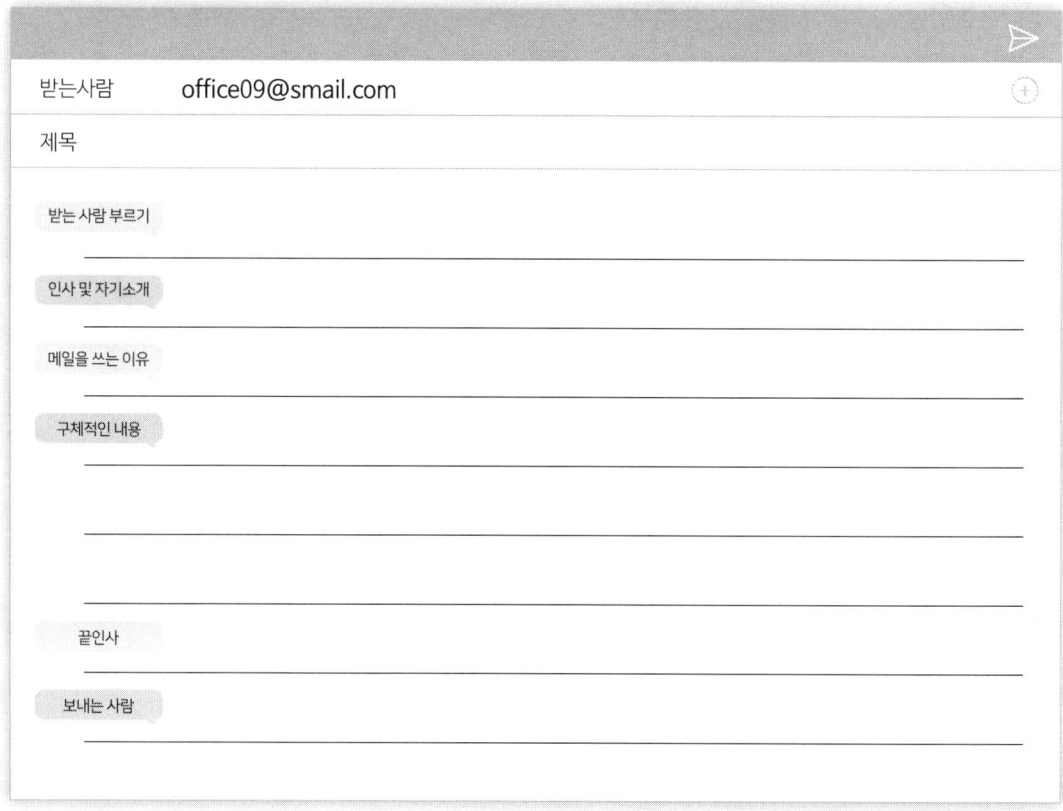

잘 썼는지 확인해 볼까요?

1 다음 이메일을 읽고 실수한 것이 없는지 찾아보세요.

받는 사람　sanghyeop@smail.com

제목　　　채식 메뉴 추가 제안

학생 식당 영양사님께~~^^

안녕하세요? 저는 화학공학과 카일리라고 합니다. (♦_♦)
학생 식당을 자주 이용하는데 제안할 것이 있어서 이메일을 보냅니다. (˚ ˘ ˚)

학생 식당은 값도 싸고 맛있는데 채식 음식이 없으니까 저와 같이 채식을 하는 학생들은 학생 식당에 가도 먹을 수 있는 음식이 없는 경우가 많습니다.ㅠㅠㅠㅠ 그래서 채식을 하는 학생들도 먹을 수 있도록 채식 메뉴를 추가해 주세요. 채식 메뉴를 추가하면 채식을 하는 학생들도 많이 이용합니다. ㅎㅎㅎ

요즘 학교에 외국인이 점점 많아지니까 채식 메뉴를 추가하는 것이 좋은 생각입니다. 저의 의견을 들어주셔서 감사해요.*^*

항상 행복하세요.Ⓗⓐⓟⓟⓨ

호주 학생 카일리 쏨'˘'✱

잠깐만! 이메일을 쓸 때는 이모티콘을 사용하지 마세요.

요즘에는 문자를 쓸 때나 SNS를 할 때 이모티콘을 많이 사용합니다. 하지만 이메일에서는 이모티콘을 사용하지 않는 것이 좋습니다. 특히 웃어른에게 메일을 보낼 때 이모티콘을 사용하는 것은 예의 없는 행동으로 생각될 수 있습니다. 또한 메일 본문에 필요 없이 색깔을 많이 넣거나 다양한 글자체를 사용하는 것, 배경에 필요 없는 그림이나 사진을 넣는 것도 별로 좋지 않습니다.

2 다음을 보고 실수한 부분을 확인해 보세요.

받는 사람 　sanghyeop@smail.com

제목　　　채식 메뉴 추가 제안

학생 식당 영양사님께~~^^
> 이메일을 쓸 때는 이모티콘을 사용하지 않는 것이 좋습니다.

안녕하세요? 저는 화학공학과 카일리라고 합니다. (♦_♦)

학생 식당을 자주 이용하는데 제안할 것이 있어서 이메일을 보냅니다. (°˘°)

학생 식당은 값도 싸고 맛있는데 채식 음식이 없으니까 저와 같이 채식을 하는 학생들은

학생 식당에 가도 먹을 수 있는 음식이 없는 경우가 많습니다.ㅜㅜㅜㅜ 그래서 채식을

하는 학생들도 먹을 수 있도록 채식 메뉴를 추가해 주세요. 채식 메뉴를 추가하면
> 이메일에서 '-(으)세요'는 정중한 느낌이 들도록 다른 표현을 사용하는 것이 더 좋습니다.

채식을 하는 학생들도 많이 이용합니다. ㅎㅎㅎ
> '-다면 -(으)ㄹ 겁니다'를 사용하면 더 정중하게 제안하는 표현이 됩니다.

요즘 학교에 외국인이 점점 많아지니까 채식 메뉴를 추가하는 것이 좋은 생각입니다.
> 단정할 수 있는 내용이 아니므로 추측의 표현을 사용하면 더 좋습니다.

저의 의견을 들어주셔서 감사해요.*^*

항상 행복하세요.Ⓗⓐⓟⓟⓨ
> 인사를 쓸 때는 '-(으)세요'보다는 '-기 바랍니다'를 쓰면 더 좋습니다.

호주 학생 카일리 쌤'˘'✽
> 이름 뒤에는 상대방과의 관계를 생각해서 적절한 말을 붙여야 합니다. '쌤'은 보통 아주 친한 사이에서 씁니다.

3 실수한 부분을 고쳐서 정확하게 다시 써 보세요.

문자는 이렇게 쓰세요

이 대리, 다음 주에 우리 부서 회식에 참석할 거지?

과장님, 그런데요. 요즘 술자리가 너무 많은 것 같은데 이번 회식은 좀 다르게 하면 어때요? 예를 들면 공연 관람이나 볼링 같은 것도 요즘 회식 대신 많이 하던데요.

-(으)면 어때(요)?
자기 생각을 상대방에게 가볍게 권유할 때 사용합니다.

은수야. 우리 약속을 한 시간 _____?
　　　　　　　　　　　　　　　　늦추다

금요일 저녁이라서 길이 많이 막힐 것 같아서.ㅠㅠ

같이 안 -(으)ㄹ래(요)?
어떤 일을 상대방에게 같이 하자고 말할 때 씁니다. '-(으)ㄹ래?'라고 말하는 것보다 더 강한 느낌을 줍니다.

은수야, 같이 영어 공부 _____?
　　　　　　　　　　　　　하다

회사에 취직하려면 영어도 잘해야 한대.

아이링! 좋은 모임이 있는데 같이 안 갈래? 한국 학생들과 중국 학생들이 모여서 한국어랑 중국어를 공부하는 언어교환 모임이야.

연락해 줘서 고마워. 시간 되는지 생각해 보고 알려줄게.

Unit 8

최선을 다해 열심히 일하겠습니다

들어가기

1 다음을 읽고 이메일을 어떻게 쓰면 좋을지 생각해 보세요.

이메일 어떻게 쓸까요? ①

1. 다음 이메일을 읽어 보세요.

받는 사람	icamp@smail.com
제목	감사드립니다. -너밍(몽골)

국제 캠프 관계자님께

안녕하세요.
저는 한국대학교에 재학 중인 몽골 학생 너밍입니다. 먼저 저를 국제 캠프의 몽골 담당자로 선발해 주신 데 대해 감사를 드립니다. 제가 아직 부족한 점이 많지만 할 수 있는 한 최선을 다해 열심히 일하겠습니다.

최근 몽골에 대한 관심이 많아져서 한국과 몽골 사이에 활발한 교류가 이루어지고 있습니다. 몽골에서의 캠프는 게르에서 숙박하기, 초원에서 말 타기, 밤하늘 별 관측하기 등 다양한 프로그램을 진행할 수 있습니다. 저는 이러한 구체적인 프로그램에 대한 정보를 가지고 있으므로 이 프로그램을 진행하는 것은 크게 어렵지 않으리라 봅니다.

이 프로그램에 참여할 수 있도록 허락해 주신 데 대해 다시 한번 감사를 드리며 한국과 몽골의 젊은이들이 서로 소통할 수 있는 좋은 기회가 될 것을 기대합니다.

감사합니다.

너밍 올림

2. 위 글을 읽고 대답해 보세요.

① 너밍 씨가 이메일을 쓴 이유는 무엇입니까?

② 너밍 씨가 진행할 수 있다고 생각하는 프로그램에는 어떤 것들이 있습니까?

③ 이 프로그램에 대해 너밍 씨가 기대하고 있는 것은 무엇입니까?

3. 다음 표현을 공부해 보세요.

-는 한 -겠습니다

- 건강이 허락하**는 한** 이 일을 계속하**겠습니다**.
- 내가 살아 있**는 한** 이 꿈을 포기하지 않**겠습니다**.
- 내가 이 일을 계속하**는 한** 최선을 다해 일하**겠습니다**.

연습

시간이 허락할 때까지 연구를 계속할 거예요.

→ _____

회사에 계속 다닐 때까지는 이 프로젝트를 그만 두지 않을 거예요.

→ _____

> '-는 한'은 앞의 상황이 바뀌지 않으면 뒤의 상황이 계속될 것이라는 뜻입니다. '-겠습니다'는 말하는 사람의 강한 의지를 표현합니다. 따라서 '-는 한 -겠습니다'는 자신의 조건이 바뀌기 전까지는 하겠다는 의미입니다.

-(으)리라 봅니다

- 그 사실을 아는 사람은 많지 않으**리라 봅니다**.
- 열심히 노력하셨으니까 곧 좋은 결과가 나오**리라 봅니다**.
- 그 제품이 지금은 품절입니다만, 곧 다시 판매되**리라 봅니다**.

연습

품질이 개선되면 판매량도 늘어날 거라고 봐요.

→ _____

새 기숙사가 완공되면 학생들 주거 문제가 해결될 거라고 봐요.

→ _____

> '-(으)리라 봅니다'는 자신이 추측하는 내용을 표현할 때 사용합니다. 격식을 갖춘 상황에서 사용하기 때문에 격식을 갖춰야 하는 말하기 상황이나 이메일을 쓸 때 자주 사용합니다.

4 다음 이메일을 완성해 보세요.

❶ 배운 표현을 사용하여 문장을 완성해 보세요.

상황 중국어를 가르쳐 달라고 하는 선후배들의 제안에 승낙할 때

_____는 한 _____겠습니다.
　　할 수 있다　　　　　　　　　　　최선을 다하다

_____(으)리라 봅니다.
　　　　한 학기 공부하면 기초 과정은 마치다

❷ 위에서 완성한 문장을 사용하여 다음 이메일을 완성해 보세요.

보내는 사람: **진준 (컴퓨터 공학과 2학년)**
받는 사람: **학과 사무실 조교님**
용건: **중국어를 가르쳐 줄 수 있다고 승낙하는 메일을 보내려고 합니다.**

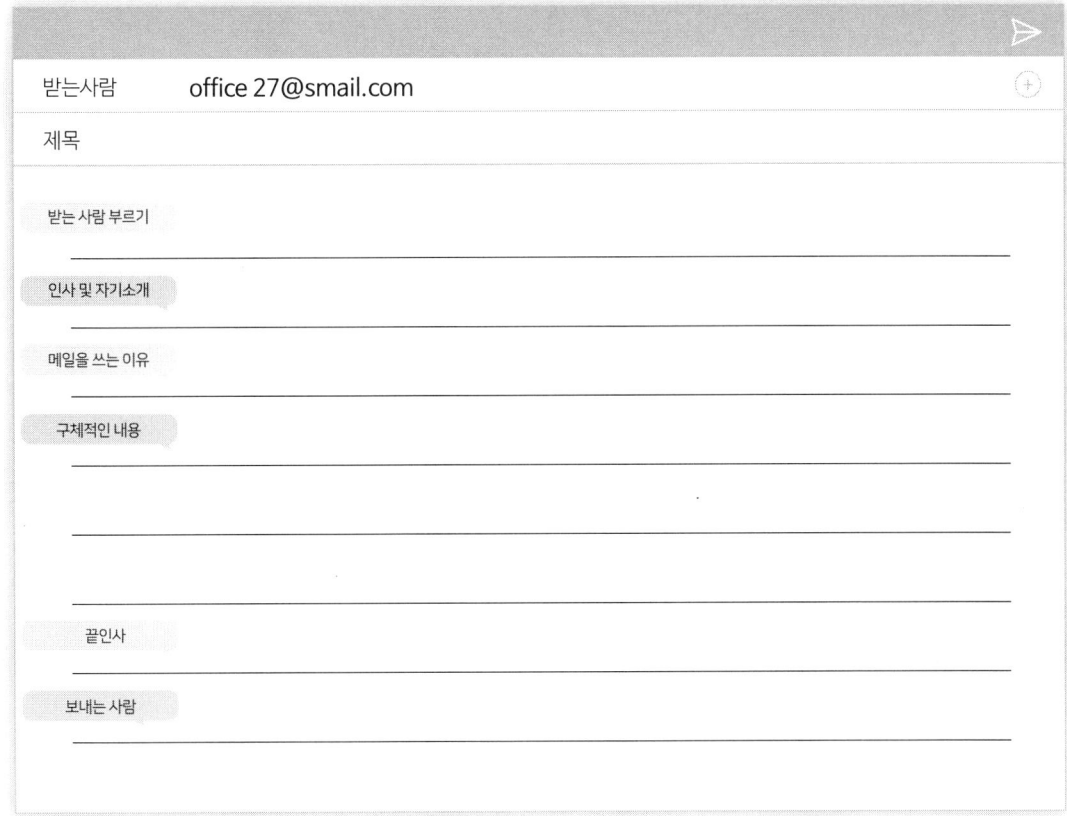

이메일 어떻게 쓸까요? 2

1 다음 이메일을 읽어 보세요.

받는사람   mn99@smail.com

제목   편의점 아르바이트 관련 (클라라)

아르바이트 채용 담당자님께

안녕하세요. 편의점 아르바이트 소개를 부탁했던 싱가포르 학생 클라라입니다.
저에게 좋은 아르바이트 기회를 주셔서 감사합니다만 이번에 소개해 주신 편의점 아르바이트는 제가 하기가 좀 어려울 것 같습니다.

우선 그 편의점은 제가 사는 곳에서 거리가 너무 멉니다. 지하철로 한 시간 정도 가야 해서 시간이 많이 걸릴 것 같습니다. 그리고 그 편의점에서는 주 5일 근무할 직원을 뽑는데 저는 학교에 다니고 있기 때문에 수업 시간을 조절한다고 해도 일주일에 3일 정도밖에 근무를 못 할 것 같습니다. 다른 곳보다 시급을 많이 주신다고 하셔서 저도 고민을 했는데 아무래도 어려울 것 같습니다.

저를 위해 좋은 자리를 소개시켜 주셨는데 저의 사정이 맞지 않아서 죄송합니다. 다음에 저의 조건에 맞는 좋은 자리가 있다면 다시 소개를 부탁드리겠습니다.

감사합니다.

클라라 올림

---

2 위 글을 읽고 대답해 보세요.

① 누가 누구에게 쓴 이메일입니까?

② 이 사람이 메일을 쓴 이유는 무엇입니까?

③ 이 사람이 소개 받은 편의점에서는 어떤 조건의 직원을 뽑습니까?

④ 이 사람이 소개 받은 아르바이트를 못 하는 이유는 무엇입니까?

3 다음 표현을 공부해 보세요.

-아/어 주셔서 감사합니다만

- 초대해 **주셔서 감사합니다만** 그 날은 다른 약속이 있습니다.
- 도와 **주셔서 감사합니다만** 이 일은 제가 해야 할 것 같습니다.
- 좋은 회사를 소개해 **주셔서 감사합니다만** 제 적성과는 잘 안 맞는 것 같습니다.

연습

선물을 주셔서 감사하지만 좀 부담스러운데요.
→ _____

좋은 제안을 해 주셔서 감사하지만 받아들이기 어려울 것 같은데요.
→ _____

> '-아/어 주셔서 감사합니다만'의 앞에 내용에 대해 감사함을 표현하고 그 뒤에 그것을 거절하는 내용을 말할 때 사용합니다. 가볍게 말할 때는 '-아/어 주셔서 감사하지만'을 쓰는데 '-아/어 주셔서 감사합니다만'을 사용하면 더 정중한 느낌이 듭니다.

아무래도 -(으)ㄹ 것 같습니다

- 이번 회의에는 **아무래도** 참석하지 못**할 것 같습니다.**
- 도와 드리고 싶지만 이번 건은 **아무래도** 힘들 **것 같습니다.**
- 죄송하지만 **아무래도** 이번 프로젝트는 저희가 진행하지 못**할 것 같습니다.**

연습

많이 생각해 봤는데 제가 발표하는 것은 무리예요.
→ _____

많이 생각해 봤는데 이번 대회에는 못 나갈 것 같아요.
→ _____

> '아무래도 -(으)ㄹ 것 같습니다'는 어떤 일을 거절하거나 못하게 된 경우에 아주 공손하게 말하는 표현입니다. '아무래도'는 '아무리 생각해도'의 뜻이며 '-(으)ㄹ 것 같습니다'를 같이 사용하여 거절할 때 단정적으로 말하지 않게 되어 상대방의 기분을 상하지 않도록 하는 공손한 표현입니다.

4 다음 이메일을 완성해 보세요.

❶ 배운 표현을 사용하여 문장을 완성해 보세요.

> **상황**
> **제주도에서 열리는 세미나에 같이 가자는 선배의 제안을 거절할 때**

_____ 아/어 주셔서 감사합니다만
　　　　　　같이 가자고 하다

아무래도 _____ (으)ㄹ 것 같습니다.
　　　　　　　같이 못 가다

❷ 위에서 완성한 문장을 사용하여 다음 이메일을 완성해 보세요.

> 보내는 사람: **나주라**
> 받는 사람: **선배**
> 용건: 제주도의 세미나에 같이 가자는 선배의 제안을 정중하게 거절하려고 합니다.

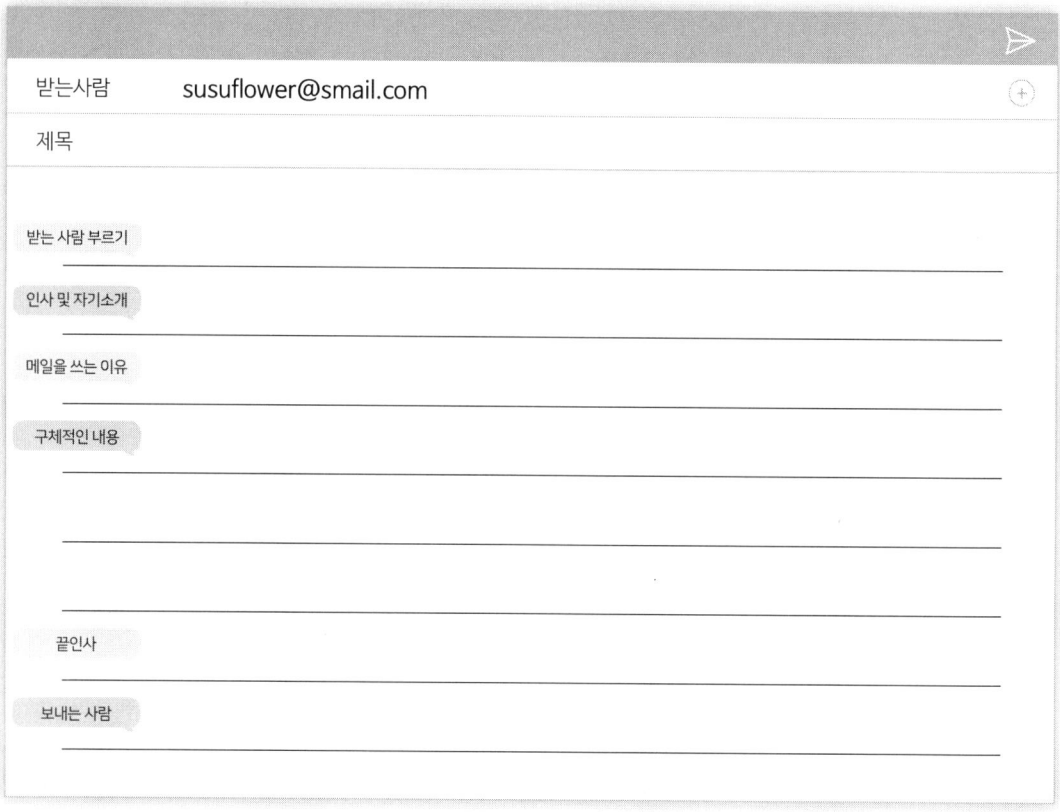

잘 썼는지 확인해 볼까요?

1 다음 이메일을 읽고 실수한 것이 없는지 찾아보세요.

받는 사람	susuflower@smail.com
제목	선배님~ 나주라예요.

선배님, 안녕하세요?

저는 나주라예요. 며칠 전에 선배님이 제주도에서 열리는 세미나에 같이 가자고 해 주셔서 고마운데 저는 가지 못해요. 정말 미안해요.

그 때 시험기간이니까 복습을 열심히 해야 해요. 그러니까 제주도에 가면 시간이 안 될 것 같아요. 선배님께서 저와 같이 가고 싶다고 말해 주셨으니까 아무튼 진심으로 감사해요. 세미나에 저도 못 가서 답답해요.

가급적이면 다음에 기회가 있으면 같이 가요.

나주라 드림

잠깐만!

이메일을 쓸 때는 오해가 생길 수 있으니 표현을 잘 선택해서 사용하세요.

이메일은 상대방을 보지 못하는 상태에서 글로 자신의 생각을 전달하는 것이기 때문에 표현을 잘못 선택하면 오해가 생길 수 있습니다. 예를 들어 '보고서를 또 내야 합니까?'라고 쓰면 부정적인 느낌이 들어서 받는 사람이 기분 나쁠 수 있습니다. 그 대신 '과제물을 다시 한번 내야 하는지요?'라고 표현하면 공손하게 보이므로 상대방의 기분을 상하게 하지 않고 질문할 수 있습니다. 또, '바쁘니까 못 갑니다.'보다는 '바빠서 갈 수 없습니다.'라고 쓰는 것이 좋습니다. 그 외에도 '그러니까'보다는 '그래서'를 '가급적이면' 보다는 '가능하면'을 쓰는 것이 좋습니다. 이렇게 조심해야 하는 표현들을 잘 선택해서 사용해야 합니다.

2. 다음을 보고 실수한 부분을 확인해 보세요.

받는 사람 susuflower@smail.com

제목 선배님~ 나주라예요.

선배님, 안녕하세요?

저는 나주라예요. 며칠 전에 선배님이 제주도에서 열리는 세미나에 같이 가자고 해 주셔서 고마운데 저는 가지 못해요. 정말 미안해요.

> 거절할 때 단정적으로 말하지 말고 더 공손한 표현법을 사용하면 좋습니다.

그 때 시험기간이니까 복습을 열심히 해야 해요. 그러니까 제주도에 가면 시간이 안

> '-(으)니까' 보다는 '아/어서'를 사용하는 것이 더 공손합니다.

될 것 같아요. 선배님께서 저와 같이 가고 싶다고 말해 주셨으니까 아무튼 진심으로 감사해요. 세미나에 저도 못 가서 답답해요.

> '아무튼'은 구어 표현으로 메일에 쓰지 않는 것이 좋습니다.

가급적이면 다음에 기회가 있으면 같이 가요.

> '가급적이면' 보다 '가능하면'을 쓰면 더 정중한 표현이 됩니다.

나주라 드림

3. 실수한 부분을 고쳐서 정확하게 다시 써 보세요.

문자는 이렇게 쓰세요

수지야. 네가 저번에 너희 집에서 같이 살자고 했었잖아. 근데 내 생각엔 좀 힘들 거 같아. 우리 학교에서는 너희 집이 너무 멀어서. 미안해.ㅠㅠ

그래. 나도 그럴 거라고 생각했었어. 괜찮아.

내 생각엔 -(으)ㄹ 거 같아
자기 생각을 상대방에게 말해 줄 때 씁니다.

우리 만나기로 했잖아. _____ 토요일에 만나는 게 _____. 지영이가 평일에는
　　　　　　　　좋다
시간이 안 된대.

-(으)ㄹ 듯
자신이 짐작하는 내용을 표현할 때 사용하는 표현입니다. 문자를 보낼 때 간단하게 쓰기 위해 자주 씁니다.

_____.
　　　　　여행 갈 수 있다
우리 부장님이 휴가 가도 된대. ㅎㅎ

은주야. 혹시 나랑 발표 날짜 좀 바꾸면 안 될까? 다음 주에 사정이 있어서 이번 주에 미리 하고 싶어서.

가능할 듯. 지금 세미나 중. 나중에 연락하겠음.

Unit 9

진학 문제로 의논드립니다

들어가기

1 다음을 읽고 이메일을 어떻게 쓰면 좋을지 생각해 보세요.

이메일 어떻게 쓸까요? ①

1. 다음 이메일을 읽어 보세요.

받는 사람	hamn@smail.com
제목	진학 문제로 의논드립니다. (도모야)

윤 선생님, 안녕하세요?

저는 작년에 한국어교육센터에서 공부했던 도모야입니다. 너무 오랜만에 연락을 드려서 죄송합니다. 그동안 건강하게 잘 지내셨는지요? 저는 학원에서 일본어 강사로 일하면서 대학원 진학 준비를 하고 있는 중입니다. 진학 준비를 하다가 고민이 많아서 선생님의 조언을 듣고자 연락을 드립니다.

저는 나중에 고향에 돌아가서 일본어를 한국어로 번역하는 일을 하고 싶습니다. 고향에서 일문학을 전공했는데 한국에서 한국어를 배우다 보니까 번역하는 일이 제 적성에 잘 맞겠다는 생각을 했습니다. 번역을 공부하려면 통번역학과에 가야 하는 것으로 알고 있습니다. 그런데 제가 그 학과에서 공부를 잘할 수 있을지 자신이 없습니다. 선생님께서는 통번역학과를 졸업하셨다고 들었는데 어떻게 생각하시는지 궁금합니다.

선생님께서 바쁘시겠지만 의견을 주시면 진학을 결정하는 데 많은 도움이 될 것 같습니다.

그럼 남은 한 해 보람 있게 보내시고 즐거운 새해 맞이하시길 바랍니다.

제자 도모야 올림

2. 위 글을 읽고 대답해 보세요.

① 누구에게 쓴 이메일입니까? 두 사람은 어떤 관계입니까?

② 도모야는 지금 무엇에 대해 고민하고 있습니까?

③ 도모야는 나중에 어떤 일을 하고 싶어 합니까?

3. 다음 표현을 공부해 보세요.

-(으)ㄴ/는 것으로 알고 있습니다

- 다음 주는 수업이 없**는 것으로 알고 있습니다**.
- 취직이 결정된 학생들이 많지 않**은 것으로 알고 있습니다**.
- 그 과목은 수업이 영어로 진행되**는 것으로 알고 있습니다**.

연습

오늘 면접 결과를 발표해요.
→ _____

그 전시회는 지금도 하고 있어요.
→ _____

> 자신이 알고 있는 정보를 정중하게 말하거나 쓸 때 사용하는 표현입니다. 자신이 알고 있는 사실이라도 단정적으로 표현하는 것보다 '-(으)ㄴ/는 것으로 알고 있습니다'를 사용하면 강한 느낌이 줄기 때문에 공손한 느낌이 듭니다.

-는지 궁금합니다

- 장학금을 신청하려면 무엇을 준비해야 하**는지 궁금합니다**.
- 이번 공모전의 합격자 판정의 기준을 누가 정하**는지 궁금합니다**.
- 설문조사 결과가 예상과 다른데 조사 대상을 어떻게 선정했**는지 궁금합니다**.

연습

이 제품이 언제 판매돼요? 알고 싶어요.
→ _____

계약서를 어떻게 작성했어요? 알고 싶어요.
→ _____

> 의문사와 함께 알고 싶은 것을 공손하게 표현할 때 사용하는 표현입니다. 앞에 의문사로 '어떻게, 무엇을, 왜, 언제, 누가, 어디서' 등을 넣어야 합니다.

4 다음 이메일을 완성해 보세요.

❶ 배운 표현을 사용하여 문장을 완성해 보세요.

상황: **교환학생으로 일본 대학교에 가고 싶어서 학과 사무실 조교와 의논할 때**

대학 재학 중에 _____ (으)ㄴ/는 것으로 알고 있습니다.
　　　　　　　　교환학생으로 외국 대학에 갈 수 있다

일본 대학에 가려면 **어떻게** _____ 는지 궁금합니다.
　　　　　　　　　　　　　　해야 하다

❷ 위에서 완성한 문장을 사용하여 다음 이메일을 완성해 보세요.

보내는 사람: **로안(건축학과 1학년)**
받는 사람: **건축학과 사무실 조교**
용건: **교환학생으로 일본 대학교에 가고 싶습니다.**

받는사람	office09@smail.com
제목	

받는 사람 부르기
_____

인사 및 자기소개
_____

메일을 쓰는 이유
_____

구체적인 내용
_____
_____
_____

끝인사
_____

보내는 사람
_____

이메일 어떻게 쓸까요? 2

1 다음 이메일을 읽어 보세요.

받는사람　hm@smail.com, suh@smail.com, omn@smail.com

제목　〈인류와 미래 사회〉 2조 발표 역할 분담 의논

2조 조원 여러분께

안녕하세요?
〈인류와 미래 사회〉 과목 2조 조장 손혜민입니다.
아시는 바와 같이 지난 시간에 우리 조의 주제가 '기후변화협약'으로 결정되었습니다. 그래서 발표 준비를 위해 조사할 내용을 분담하고자 메일을 드립니다. 조사해야 하는 내용은 다음과 같습니다.

1. 기후 변화의 심각성 – 실제 사례 중심
2. 여러 국제 환경협약 – 람사르 협약/몬트리올 협약/바젤 협약/사막 방지화 협약 등
3. 유엔기후변화협약(UNFCCC) – 교토 의정서/파리협정
4. 기후 변화 협약의 효율성과 한계

우리 조원이 4명이라서 우선 4개의 분야로 나누었습니다. 본인이 맡고 싶은 부분을 문자로 알려 주시면 제가 조정한 후에 알려드리도록 하겠습니다. 다음 수업 시간까지 각자 맡은 내용을 조사해 오시면 됩니다. 혹시 조사할 내용에 대해 이의 있으시면 메일로 의견 주시기 바랍니다.

감사합니다.

손혜민 드림

---

2 위 글을 읽고 대답해 보세요.

① 혜민 씨가 이메일을 쓴 이유는 무엇입니까?

② 2조 학생들이 조사할 주제와 내용은 무엇입니까?

③ 이 이메일을 읽은 사람은 무엇을 해야 합니까?

3. 다음 표현을 공부해 보세요.

-는 바와 같이

- 여러분이 아시**는 바와 같이** 새 기숙사가 완공되었습니다.
- 표에서 보시**는 바와 같이** 올해 실업율이 감소하고 있습니다.
- 조교님이 이미 말씀하**신 바와 같이** 이번 학기 답사는 경주로 가기로 했습니다.

연습

여러분이 아시는 것처럼 올해는 개교 60주년이 되는 해입니다.
→ _____

미리 알려드린 것처럼 중간시험 이후부터 토론식 수업을 진행하겠습니다.
→ _____

> 다른 사람한테 들은 이야기 또는 상대방도 이미 알고 있을 것으로 생각되는 사실을 공손한 태도로 인용할 때 사용합니다. 격식을 갖춘 표현으로 공적인 상황에서 말할 때 또는 이메일을 쓸 때 사용합니다.

에 대해 의견 주시기 바랍니다

- 쓰레기 처리 방법**에 대해 의견 주시기 바랍니다.**
- 비용을 줄이는 방안**에 대해** 적극적으로 **의견 주시기 바랍니다.**
- 첨부해 드리는 가구 디자인**에 대해** 여러분의 **의견 주시기 바랍니다.**

연습

기숙사 규칙 개정에 대해 어떻게 생각하세요?
→ _____

이번 축제의 공연 주제에 대해 생각하는 것이 있으세요?
→ _____

> 어떤 주제에 대한 생각을 듣고 싶을 때 사용합니다. 격식을 갖춘 표현으로 공적인 자리에서 말할 때나 이메일을 쓸 때 자주 사용합니다.

4. 다음 이메일을 완성해 보세요.

❶ 배운 표현을 사용하여 문장을 완성해 보세요.

상황 과 홈페이지 활용 방안에 대해 의견을 구할 때

_____는 바와 같이_____
　알다　　　　　　　　　　　　　　　　　　　우리 학과 홈페이지 이용률이 매우 저조하다

_____에 대해 의견 주시기 바랍니다.
　　　홈페이지 활용 방법

❷ 위에서 완성한 문장을 사용하여 다음 이메일을 완성해 보세요.

보내는 사람: **디지털 미디어학과 과 대표**
받는 사람: **디지털 미디어학과 학생들**
용건: **과 학생들에게 홈페이지를 활성화 시키는 방법에 대해 물어보려고 합니다.**

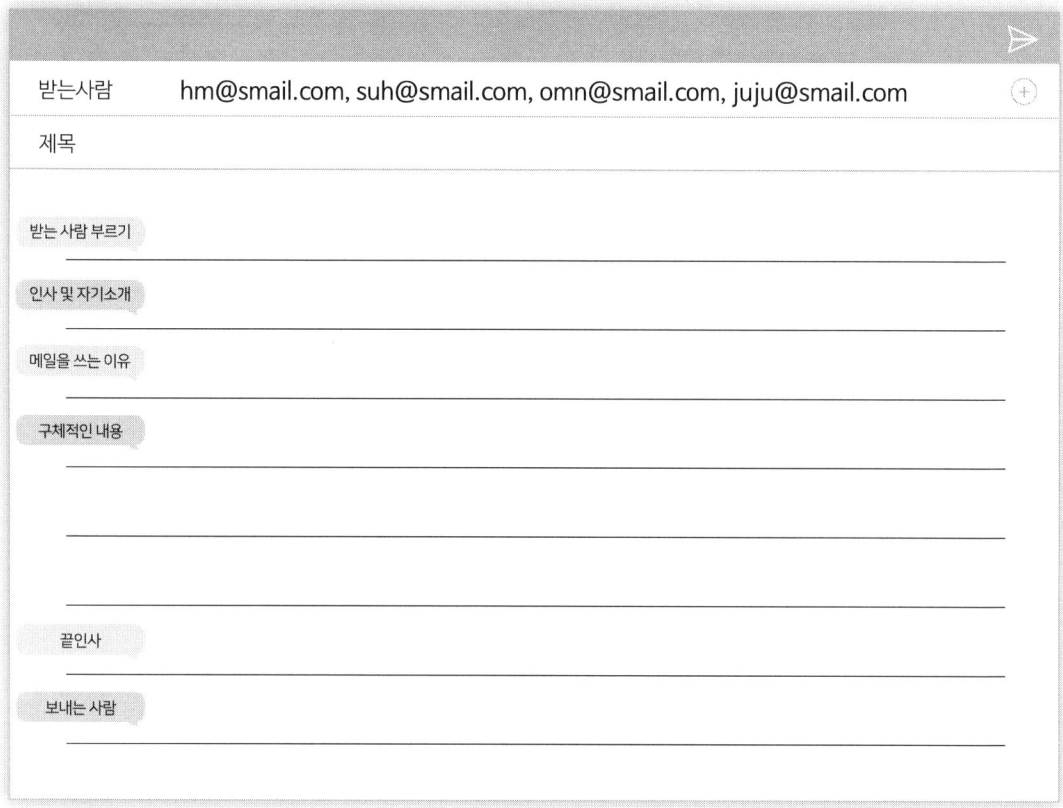

잘 썼는지 확인해 볼까요?

1 다음 이메일을 읽고 실수한 것이 없는지 찾아보세요.

받는 사람	hm@smail.com, suh@smail.com, omn@smail.com, juju@smail.com
제목	[디미과] 홈피 활성 방안

디미과 친구들, 안녕?

저는 디미과 과대예요. 우리 과 학생들이 모두 훌륭하게 학교생활을 잘하고 있다고 생각해요. 근데 공부 때문에 시간이 좀 없지요? 그래서 과 홈피에 관심이 없는 것 같아요. 왜 관심이 없어요? 알고 싶어요. 우리 학생회는 과 홈피 활성화를 위해 여러분과 의논하고 싶어요.

여러분도 아시는 것처럼 과 홈피가 활성화되면 졸업한 선배들이나 휴학한 친구들도 미디과 소식을 알 수 있어서 좋을 거예요. 여러분이 관심 있는 것, 홈피에서 보고 싶은 것 등 좋은 방법이 있으면 알려 주세요. 이멜로 연락하거나 그냥 과대에게 의견 주면 돼요.

감사합니다.

디미과 과대 쏨

잠깐만! 이메일을 쓸 때는 줄임말을 지나치게 사용하지 마세요.

요즘 일상생활에서 줄임말을 사용하는 경우가 많습니다. 특히 문자를 보낼 때나 SNS에서 짧아서 편리하다는 이유로 줄임말을 많이 사용하게 되는데 이메일을 보낼 때는 줄임말을 사용하지 않는 것이 좋습니다. 줄임말을 심하게 사용하면 예의 없게 보일 뿐만 아니라 받는 사람이 어떤 의미인지 몰라서 서로 소통이 안 될 수도 있습니다. 학생들이 많이 사용하는 '버카'(버스 카드), '학식'(학생 식당)등과 같이 단어를 줄여서 쓰는 것뿐만 아니라 '근데'(그런데), '글고'(그리고)와 같이 보통 구어에서 쓰는 표현을 사용하는 것도 좋지 않습니다.

2 다음을 보고 실수한 부분을 확인해 보세요.

받는 사람	hm@smail.com, suh@smail.com, omn@smail.com, juju@smail.com
제목	[디미과] 홈피 활성 방안

> 이메일을 쓸 때는 줄임말을 쓰지 않는 것이 좋습니다.

디미과 친구들, 안녕?

> 아무리 친한 사이라도 전체를 대상으로 한 공적인 메일은 존댓말로 쓰는 것이 좋습니다.

저는 디미과 과대예요. 우리 과 학생들이 모두 훌륭하게 학교생활을 잘하고 있다고 생각해요. 근데 공부 때문에 시간이 좀 없지요? 그래서 과 홈피에 관심이 없는 것

> '근데'는 이메일에 적합하지 않습니다.

같아요. 왜 관심이 없어요? 알고 싶어요. 우리 학생회는 과 홈피 활성화를 위해

> 공적인 메일에서 지나친 구어 표현은 사용하지 않는 것이 좋습니다.

여러분과 의논하고 싶어요.

여러분도 아시는 것처럼 과 홈피가 활성화되면 졸업한 선배들이나 휴학한 친구들도

> 공적인 메일은 가능하면 정중한 표현을 씁니다.

미디과 소식을 알 수 있어서 좋을 거예요. 여러분이 관심 있는 것, 홈피에서 보고 싶은 것 등 좋은 방법이 있으면 알려 주세요. 이멜로 연락하거나 그냥 과대에게 의견 주면

> 지나친 구어 표현도 이메일에서는 쓰지 않는 것이 좋습니다.

돼요.

감사합니다.

디미과 과대 씀

3 실수한 부분을 고쳐서 정확하게 다시 써 보세요.

받는 사람	hm@smail.com, suh@smail.com, omn@smail.com, juju@smail.com
제목	

진학 문제로 의논드립니다

문자는 이렇게 쓰세요

저는 <한국 사회의 이해> 2조 조원 샤히라예요. 1번 기후 변화의 실태에 대해 제가 조사할게요. 제가 외국인이라서 가끔 실수하는 게 있을지도 몰라요. 실수하면 알려 주세요. 잘 부탁드립니다.^^

그럼 1번 조사해 주세요. 저도 잘 모르니까 같이 열심히 해요.^^

-(으)ㄹ지도 몰라(요)

확실하게 아는 것은 아니지만 그럴 가능성이 있다는 것을 표현할 때 사용합니다.

내일 좀 _____.
              늦다

가능한 한 빨리 갈 테니까 조금만 기다려 주세요.

-(으)ㅁ

어떤 사실을 기록하거나 서면으로 알릴 때 사용합니다. 요즘에는 문자에서 간단하게 쓰려는 목적으로 많이 씁니다.

약속 장소가 한국 식당으로 _____.
                          바뀌다

5월 3일에 우리 만나기로 했는데 몇 시에 가능한지 시간을 좀 알려 줘.

1시 이후 가능함.

Unit 10

기대에 비해 성적이 잘 나오지 않은 것 같습니다

들어가기

1 다음을 읽고 이메일을 어떻게 쓰면 좋을지 생각해 보세요.

이메일 어떻게 쓸까요? ①

1. 다음 이메일을 읽어 보세요.

받는 사람	leedj@smail.com
제목	성적 확인 부탁드립니다. (자유전공학부 18학번 너밍)

이동주 교수님께

교수님, 안녕하십니까? 저는 지난 학기 교수님의 〈제3세계의 도전〉을 수강한 소비자가족학과 18학번 너밍입니다.

먼저 한 학기 동안 교수님의 강의를 들으면서 그동안 미처 생각하지 못했던 것들을 고민할 수 있게 해 주신 점에 대해 감사드립니다. 무엇보다도 제3세계에 대한 편견을 깨고 세계관을 넓힐 수 있었던 점이 큰 도움이 되었습니다.

그런데 제 성적에 조금 아쉬움이 남아 이렇게 메일을 드립니다. 이 과목에 관심을 가지고 열심히 과제를 했는데 기대한 것에 비해 성적이 잘 나오지 않은 것 같습니다. 시험이 없었기 때문에 점수로 나오는 구체적인 지표가 없는 것은 잘 알고 있습니다만 혹시 제 수업 태도나 출결, 또는 조별 활동에 어떤 결함이 있었는지 여쭙고 싶습니다. 방학 중에 연락을 드려 매우 죄송한데 다시 한번 확인을 해 주시면 감사하겠습니다.

그럼 더운 날씨에 건강 조심하시기를 바랍니다.
안녕히 계십시오.

너밍 올림

2. 위 글을 읽고 대답해 보세요.

① 누가 누구에게 쓴 이메일입니까?

② 이 사람은 강의를 듣고 어떤 생각을 했습니까?

③ 이 사람이 이메일을 쓴 이유는 무엇입니까?

3 다음 표현을 공부해 보세요.

에 비해 -지 않은 것 같습니다

- 작년**에 비해** 실력이 많이 늘**지 않은 것 같습니다**.
- 기존 상품**에 비해** 기능이 다양하**지 않은 것 같습니다**.
- 열심히 준비한 데**에 비해** 결과가 따라와 **주지 않은 것 같습니다**.

연습

기대한 것만큼 점수가 안 오른 것 같아요.

→ _____

연습한 것만큼 기록이 안 나온 것 같아요.

→ _____

> '에 비해 -지 않은 것 같습니다'는 생각하는 기준과 비교하여 결과가 기준에 이르지 못할 때 사용합니다. 불만을 표현할 때는 '에 비해'의 뒤에 대부분 부정적인 내용이 들어가는데 '-(으)ㄴ/는 것 같습니다'를 같이 사용하면 자신의 생각을 완곡하게 표현할 수 있습니다.

-ㅂ/습니다만

- 과제를 완성했**습니다만** 부족한 점이 있다면 수정하도록 하겠습니다.
- 발표회의 결과는 만족스럽**습니다만** 준비 과정에 미흡한 점이 있었습니다.
- 연구는 끝냈**습니다만** 연구 결과를 발표하는 것은 아직 이르다고 생각합니다.

연습

컴퓨터 수리를 받았는데 잘 안 돼요.

→ _____

강의를 촬영하면 안 되는 것을 아는데 혹시 녹음은 가능한가요?

→ _____

> '-ㅂ/습니다만'은 앞의 내용은 인정하면서도 뒤의 일을 조심스럽게 표현할 때 사용합니다.

4 다음 이메일을 완성해 보세요.

❶ 배운 표현을 사용하여 문장을 완성해 보세요.

상황 인터넷으로 주문한 상품을 배달 받았는데 색상이 다를 때

_____ 에 비해 _____ 지 않은 것 같습니다.
　생각했던 것　　　　　　　　　色깔이 밝다

_____ ㅂ/습니다만 화면의 색상과 많이 다른 것 같습니다.
　상품은 동일하다

❷ 위에서 완성한 문장을 사용하여 다음 이메일을 완성해 보세요.

보내는 사람 : **나탈리아**
받는 사람 : **이버라 인터넷 몰**
용건 : **바지를 샀는데 컴퓨터 화면의 색상과 달라서 불만을 표현하려고 합니다.**

이메일 어떻게 쓸까요? 2

1 다음 이메일을 읽어 보세요.

받는사람: kjhong@smail.com
제목: [불편 신고] 공용 전자레인지 고장

기숙사 조교님께

안녕하세요? 저는 813호의 싱가포르 학생 클라라입니다.
조교님이 항상 보살펴 주시는 덕분에 집처럼 편안하게 잘 지내고 있습니다. 진심으로 감사드립니다.

그런데 지난 주말부터 7층 휴게실의 전자레인지가 잘 작동되지 않습니다. 작동이 되기는 하는데 음식이 전혀 데워지지 않습니다. 왜 그러는지 이유를 잘 모르겠습니다.

요즘 날씨가 쌀쌀해서 전자레인지를 사용해야 하는 경우가 많아졌는데 사용할 수 없으니 좀 불편합니다. 특히 시험이 가까워져 늦게까지 공부하다가 출출해지면 따뜻한 간식을 먹고 싶은데 전자레인지가 안 되어 매우 아쉽습니다. 되도록 빨리 고쳐 주시면 좋겠습니다.

추워진 날씨에 감기 조심하시기 바랍니다. 안녕히 계세요.

클라라 올림

2 위 글을 읽고 대답해 보세요.

① 누가 누구에게 쓴 이메일입니까?

② 이 사람이 메일을 쓴 이유는 무엇입니까?

③ 전자레인지를 빨리 고쳐 달라고 하는 이유는 무엇입니까?

3. 다음 표현을 공부해 보세요.

-기는 하는데

- 교내 복사기를 이용하**기는 하는데** 불편한 점이 많습니다.
- 이번에는 처음이라 검토해 주**기는 하는데** 앞으로는 스스로 보고서를 작성하도록 하세요.
- 제품을 개봉했으니 사용하**기는 하는데** 다음부터 물건이 찌그러지지 않도록 주의해 주시면 좋겠습니다.

연습

이번에는 허락하지만 될 수 있으면 사진을 찍지 않았으면 좋겠어요.
→ _____

음식이 이미 나왔으니 먹지만 다음에는 덜 맵게 해 주세요.
→ _____

> 자신의 행동이 원하는 바가 아니지만 다른 방법이 없어서 어쩔 수 없이 하는 경우에 '-기는 하는데'를 사용합니다. '-기는 하는데'의 뒤에는 불만 사항이나 상대방에게 바라는 것을 표현합니다.

-아/어 주시면 좋겠습니다

- 마감일이 지났으니 작업을 서둘러 **주시면 좋겠습니다**.
- 그동안 밀린 회비를 이번에 다 내 **주시면 좋겠습니다**.
- 시간이 제한되어 있으므로 조금 짧게 말씀해 **주시면 좋겠습니다**.

연습

내일까지 꼭 대답해 주세요.
→ _____

맡은 부분을 정리해서 오늘 중으로 꼭 보내 주세요.
→ _____

> '-아/어 주시면 좋겠습니다'는 지시하는 것을 직접 지시하지 않고 바라는 바를 나타내어 상대방을 배려하는 표현입니다. 지시할 때 사용하는 표현인 '-아/어 주세요'는 말하는 사람과 듣는 사람의 관계가 명확하게 지시를 주고받는 관계인 경우에만 사용됩니다.

4 다음 이메일을 완성해 보세요.

❶ 배운 표현을 사용하여 문장을 완성해 보세요.

상황
학생 식당의 음식이 너무 짜서 불평할 때

_____ 기는 하는데 조금밖에 못 먹고 있습니다.
　　음식을 먹다

_____ 아/어 주시면 좋겠습니다.
　　　　　앞으로는 반찬과 국의 간을 조금 싱겁게 만들다

❷ 위에서 완성한 문장을 사용하여 다음 이메일을 완성해 보세요.

보내는 사람 : **추다 (생명공학과 2학년)**
받는 사람 : **학생 식당 영양사님**
용건 : **학생 식당의 음식이 너무 짠 것에 대해 불만을 표현하려고 합니다.**

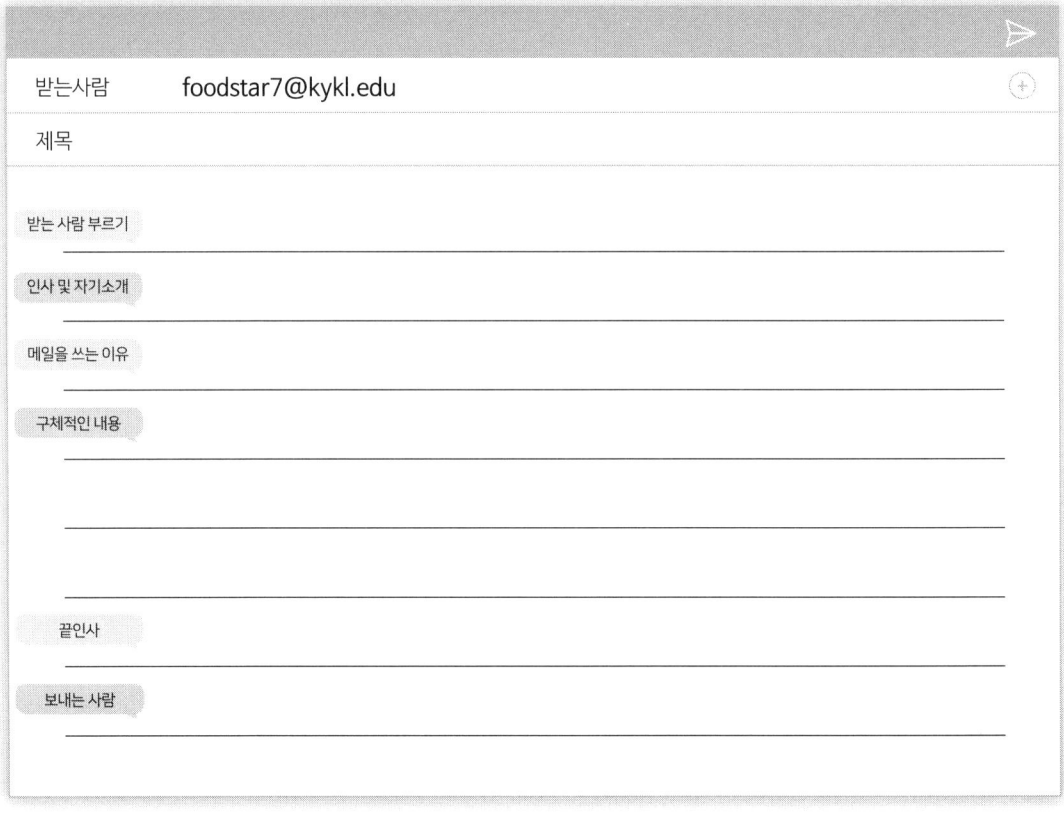

잘 썼는지 확인해 볼까요?

1 다음 이메일을 읽고 실수한 것이 없는지 찾아보세요.

받는 사람	foodstar7@kykl.edu
제목	학생 식당 음식

학생 식당 영양사님께

안녕하세요? 저는 생명공학과 2학년 추다라고 합니다.
영양사님 덕분에 우리 학생들이 맛있고 영양 있는 음식을 먹을 수 있어서 감사합니다.

그런데 최근 학생 식당의 음식이 너무 짠 것에 대해 불만을 표현하려고 합니다. 저 뿐만 아니라 주변 많은 학생들이 불만합니다. 식당에서 밥을 먹기는 하는데 너무 짜서 물을 너무 많이 마시게 됩니다. 음식이 짜면 학생들의 건강에 안 좋으니 조금 바꿔 주시면 안 될까 싶어서 물어봅니다.

학생의 건강을 생각하셔서 학생에게 배려를 해 주시기 바랍니다.

추다 올림

잠깐만! 감정이 격한 상태에서 이메일을 쓰지 마세요.

감정이 격한 상태에서 이메일을 쓰면 상대방에게 실수를 저지르기 쉽습니다. 흥분해 있을 때나 술을 마신 후 또는 한밤중에 이메일을 썼다면 바로 보내지 않는 것이 좋습니다. 상대방에게 메일을 보낸 후에는 돌이킬 수 없으므로 보내기 전에 충분히 생각하고 읽어 본 후에 보내는 것이 좋습니다.

2 다음을 보고 실수한 부분을 확인해 보세요.

받는 사람   foodstar7@kykl.edu

제목   학생 식당 음식

> 제목을 통해 메일의 내용이 무엇인지 알 수 있도록 하는 것이 좋습니다.

학생 식당 영양사님께

안녕하세요? 저는 생명공학과 2학년 추다라고 합니다.

영양사님 덕분에 우리 학생들이 맛있고 영양 있는 음식을 먹을 수 있어서 감사합니다.

그런데 최근 학생 식당의 음식이 너무 짠 것에 대해 불만을 표현하려고 합니다. 저 뿐만

> '불만을 표현하다'라고 직접적으로 쓰지 말고 문제점이나 불만 사항에 대해서만 씁니다.

아니라 주변 많은 학생들이 불만합니다. 식당에서 밥을 먹기는 하는데 너무 짜서 물을

> '불만하다'는 잘못된 표현입니다. 주위의 이야기를 들은 바를 밝히는 것이 좋습니다.

너무 많이 마시게 됩니다. 음식이 짜면 학생들의 건강에 안 좋으니 조금 바꿔 주시면 안

될까 싶어서 물어봅니다.

> 문의하는 메일이 아닙니다. 상대방에게 요청하는 표현을 사용하도록 하세요.

학생의 건강을 생각하셔서 학생에게 배려를 해 주시기 바랍니다.

> '-어/아 주시면 좋겠습니다'를 사용하면 좋습니다.

> 메일을 끝낼 때에도 간단히 인사를 하도록 합니다.

추다 올림

3 실수한 부분을 고쳐서 정확하게 다시 써 보세요.

받는 사람   foodstar7@kykl.edu

제목

문자는 이렇게 쓰세요

안녕하세요. 301호 학생입니다. 보일러를 고쳐 준다고 하셨는데 아직 아무 연락이 없으셔서요. 요즘 갑자기 추워져서 방이 너무 추워요. 빨리 고쳐 주시면 안 될까요?

내가 수리센터에 연락했는데 아직 안 갔어요? 확인해 보고 연락 줄게요.

-다고 하셨는데

상대방에게서 들은 바를 확인하면서 이에 대해 이야기할 때 사용하는 표현입니다.

그 문제에 대해 자세히 알아보고 답을 _____
　　　　　　　　　　　　　　　　　　　주겠다

어떻게 되었나요?

-(으)ㄴ/는데도

'-(으)ㄴ/는데도'의 앞에 상황과 연결되어 당연히 일어날 것이라고 기대하는 상황이 뒤에서 나타나지 않을 때 사용합니다.

알려 주신 대로 컴퓨터를 껐다가 _____
　　　　　　　　　　　　　　　　　켰다

작동이 안 되네요.

승환! 너 왜 그렇게 전화를 안 받아? 내가 어제 10번을 했는데도 안 받더라.

미안, 미안- 식당 안이 너무 시끄러워서 전화소리가 안 들렸어.

Unit 11

원고를 아직 받지 못해서 연락드립니다

 들어가기

1 다음을 읽고 이메일을 어떻게 쓰면 좋을지 생각해 보세요.

이메일 어떻게 쓸까요? ①

1. 다음 이메일을 읽어 보세요.

받는 사람	simjy@smail.com
제목	제15차 학술대회 원고를 부탁드립니다.

심연정 선생님께

안녕하세요? 선생님.
제15차 학술 발표회를 담당하고 있는 허지은입니다.

봄기운이 완연한 가운데 학술발표회 날이 성큼 앞으로 다가왔습니다. 저희 준비 위원들은 학술 발표회를 성공적으로 개최하고자 열심히 준비하고 있습니다.

다름이 아니라 10일까지 원고를 보내 주기로 하셨는데 아직 보내 주지 않으셔서 연락드립니다. 번거로우시겠지만 확인 부탁드리겠습니다.

늦어도 15일까지 원고를 모아야 발표회를 개최하는 데 무리가 없을 것 같습니다. 일정이 다소 촉박한 관계로 원고를 조금 서둘러 보내 주시면 감사하겠습니다.

이번 학술 발표회 발표를 맡아 주신 선생님께 다시 한번 감사드리며, 선생님의 원고를 기다리고 있겠습니다.

허지은 올림

2. 위 글을 읽고 대답해 보세요.

① 누가 누구에게 쓴 이메일입니까?

② 허지은 씨가 지금 맡고 있는 일은 무엇입니까?

③ 허지은 씨가 이메일을 쓴 이유는 무엇입니까?

3. 다음 표현을 공부해 보세요.

-기로 하셨는데   -지 않으셔서

- 같이 가**기로 하셨는데** 약속 장소에 오**지 않으셔서** 연락을 드립니다.
- 식사를 같이 하**기로 하셨는데** 식사 자리에 나오**지 않으셔서** 걱정이 됩니다.
- 오늘까지 연락을 주**기로 하셨는데** 아직까지 연락이 없**으셔서** 메일을 드립니다.

연습

회의에 참석한다고 하셨는데 안 오셔서 연락 드려요.

→ _____

메일을 보고 검토한다고 하셨는데 아직 메일을 안 열어 보셔서 연락 드려요.

→ _____

> 상대방이 약속한 바를 지키지 않은 경우에 약속의 내용을 다시 확인할 때 사용합니다. '-지 않다'를 사용하여 부정하는 뜻을 나타내는데 '안-'을 사용할 때보다 더 공손한 느낌을 줍니다.

-아/어도

- 바**빠도** 내일까지는 답변 드리겠습니다.
- 일정이 다소 빠듯**해도** 이번 주 내로 조사를 마칠 수 있으리라 생각합니다.
- 가격이 맞지 않**아도** 연구에 꼭 필요한 것이니 구입해 주시기를 부탁드립니다.

연습

제출일이 지나더라도 과제를 내는 것이 좋아요.

→ _____

작업이 힘들더라도 끝까지 꼼꼼히 해 주시면 좋겠어요.

→ _____

> '-아/어도'의 앞에 오는 내용을 가정하거나 인정하지만 뒤의 내용에 영향을 주지 않음을 나타낼 때 쓰는 표현입니다. '아무리'를 붙여 '아무리 -아/어도'로 사용하기도 합니다. 대부분의 경우에 '-더라도'와 바꿔 쓸 수 있습니다.

4 다음 이메일을 완성해 보세요.

❶ 배운 표현을 사용하여 문장을 완성해 보세요.

상황
> 동아리의 운영 회비를 내 달라고 다시 요청할 때

_____기로 하셨는데 _____지 않으셔서 어려움이 있습니다.
　동아리 회비를 내 주다　　　　　　　아직 내다

_____아/어도 계속 받을 예정이니 반드시 내 주시기를 부탁드립니다.
　기말고사가 끝나다

❷ 위에서 완성한 문장을 사용하여 다음 이메일을 완성해 보세요.

보내는 사람 : **용천우(연극부 회장)**
받는 사람 : **동아리 회원들**
용건 : **올해 동아리 회비를 내지 않은 회원들에게 내 주기를 다시 요청하려고 합니다.**

받는사람	hjchoi58@kykl.edu, abekmoi@smail.com, bkpsqo@smail.com, cube38@gg.com, herocrean@smail.com, vixozo@gg.com, kwgsh@smail.com, victor@gg.com, sureijoa@gg.com
제목	

받는 사람 부르기
_____

인사 및 자기소개
_____

메일을 쓰는 이유
_____

구체적인 내용
_____
_____
_____
_____

끝인사
_____

보내는 사람
_____

이메일 어떻게 쓸까요? ❷

1. 다음 이메일을 읽어 보세요.

받는사람	agkes@smail.com
제목	다시 부탁드립니다.(량원)

선배님께

선배님, 안녕하세요?
학기가 시작된 게 엊그제 같은데 벌써 시험이 다가오고 있네요.

선배님께서 과제에 대해 주신 의견을 잘 읽어 보았습니다. 제가 놓친 부분, 그리고 미처 생각하지 못했던 것까지 자세히 알려 주셔서 큰 도움이 되었습니다. 선배님께서 주신 의견을 최대한 반영하고 제 생각을 덧붙여 과제를 수정했습니다. 말씀해 주신 대로 고치기는 했는데 제대로 잘했는지 자신이 없습니다. 이번 과제는 중간시험 대체 과제라서 매우 중요하기 때문에 좀 걱정이 됩니다.

선배님께서 매우 바쁘시겠지만 수정한 과제를 한 번만 더 봐 주셨으면 해서 이렇게 연락드립니다. 폐가 되는 줄 알면서도 부탁 드려서 죄송합니다. 다음에 제가 선배님을 도울 일이 있으면 꼭 도와드리도록 하겠습니다. 과제 제출까지 2주 정도 여유가 있으니 시간 되실 때 봐 주시면 감사하겠습니다.

그럼 변덕스러운 날씨에 감기 조심하세요.

량원 올림

2. 위 글을 읽고 대답해 보세요.

① 누가 누구에게 쓴 이메일입니까?

② 이 사람이 메일을 쓴 이유는 무엇입니까?

③ 후배는 선배에게 어떤 마음을 가지고 있습니까?

④ 선배는 후배에게 어떻게 도움을 주었습니까?

3 다음 표현을 공부해 보세요.

-기는 했는데

- 계획서를 확인하**기는 했는데** 혹시 빠진 것이 있을지 모르겠습니다.
- 알려주신 대로 불고기를 만들**기는 했는데** 잘 만든 것 같지는 않습니다.
- 말씀하신 대로 일정을 바꾸**기는 했는데** 모두 참석하실 수 있을지 모르겠습니다.

연습

전시회를 준비했지만 부족한 것이 있을까 봐 걱정이에요.
→ _____

발표 원고를 완성했지만 수업 전에 검토를 해야 할 것 같아요.
→ _____

> '-기는 했는데'는 앞의 일을 했지만 그 일이 잘 되었는지에 대해 자신이 없다는 겸손한 태도를 표현할 때 사용합니다.

-(으)시겠지만

- 학기 중이라 힘드**시겠지만** 이번 대회의 심사를 맡아 주시기를 부탁드립니다.
- 2인실이라 숙소가 다소 불편하**시겠지만** 부디 양해해 주시기를 부탁드립니다.
- 불황에 사정이 여유롭지 않**으시겠지만** 이달 말까지는 지급해 주시기 바랍니다.

연습

선생님이 바쁘신 건 알지만 한번 읽어 봐 주세요.
→ _____

선배가 요즘 정신이 없는 건 알지만 주말까지는 신청하셔야 돼요.
→ _____

> '-(으)시겠지만'을 사용하여 상대방의 부담이나 사정을 이해하는 마음을 표현합니다. 주로 부탁하는 경우에 부탁하는 내용의 앞에 사용합니다.

4 다음 이메일을 완성해 보세요.

❶ 배운 표현을 사용하여 문장을 완성해 보세요.

상황
> **수업 자료를 다시 게시해 달라고 요청할 때**

_____기는 했는데 기간이 지나 자료를 내려받을 수 없습니다.
교수님이 자료를 올려주시다

_____(으)시겠지만 다시 자료를 올려 주시기를 부탁드립니다.
바쁘다

❷ 위에서 완성한 문장을 사용하여 다음 이메일을 완성해 보세요.

보내는 사람 : **엽사우(사회복지학과 2학년)**
받는 사람 : **심석태 교수님**
용건 : **수업 자료를 다시 올려 달라고 부탁드리려고 합니다.**

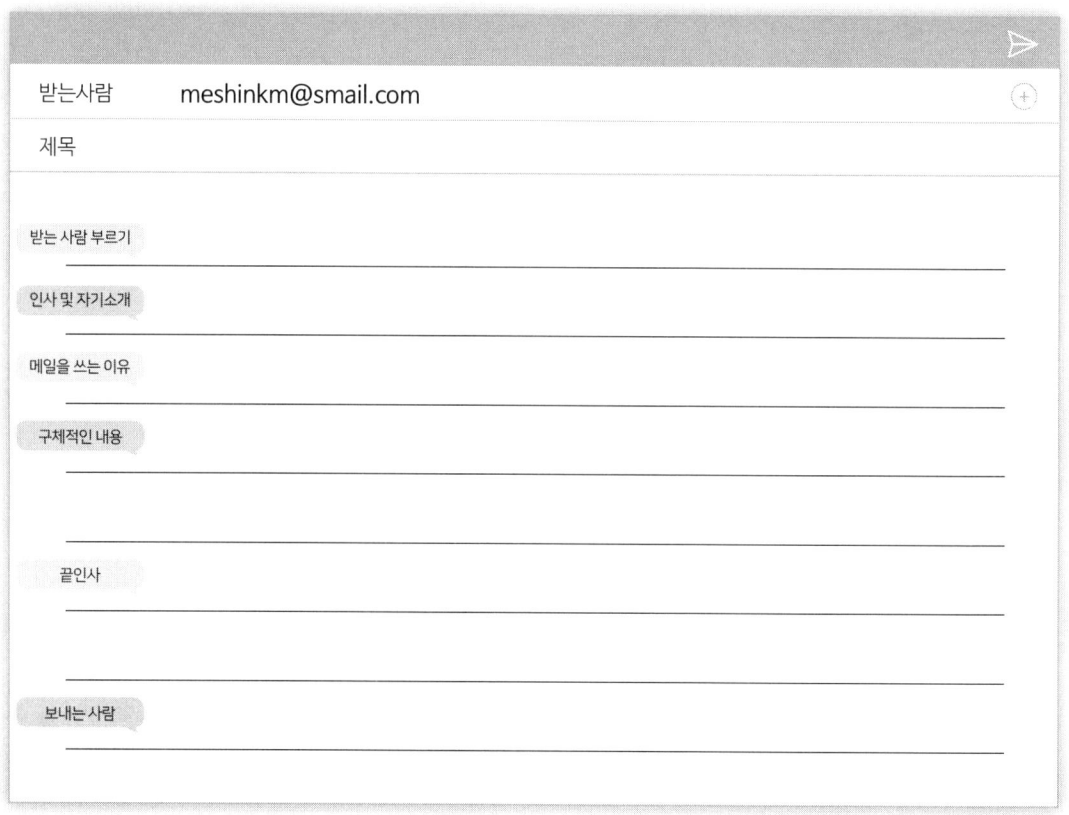

받는사람   meshinkm@smail.com
제목
받는 사람 부르기
인사 및 자기소개
메일을 쓰는 이유
구체적인 내용
끝인사
보내는 사람

잘 썼는지 확인해 볼까요?

1 다음 이메일을 읽고 실수한 것이 없는지 찾아보세요.

받는 사람   meshinkm@smail.com

제목   수업 자료를 다시 게시해 주실 수 있으신지요?

심석태 교수님께

안녕하십니까? 저는 〈인류와 사회〉를 듣고 있는 사회복지학과 2학년 엽사우라고 합니다.

교수님의 강의를 열심히 듣고 있습니다. 그런데 부탁할 것이 있기 때문에 이렇게 메일을 드렸습니다. 혹시 3주 전에 올려 주신 수업 자료를 다시 게시해 주셔도 됩니까? 제가 그때 다운 받지 못했어서 지금 받으려고 하는데 없습니다. 교수님께서 시간이 계시면 자료를 다시 게시해 주세요. 부탁드리겠습니다.

그럼 즐거운 하루 되시기를 바랍니다. 안녕히 계십시오.

엽사우 올림

 잠깐만! 답 메일을 쓸 때 이렇게 쓰세요.

받은 메일에 대해 답 메일을 쓸 때 보통 '보내 주신 메일 잘 받았습니다'라는 인사말을 쓰는 것이 좋습니다. 답 메일의 제목은 따로 달지 않고 'Re: -'로 할 수도 있습니다.
그런데 받은 메일에 대해 즉시 답을 할 수 없는 경우가 있는데 그럴 때에는 먼저 답 메일을 간략하게 보내는 것이 좋습니다. 여기에서는 상대방이 보낸 이메일을 잘 받았고 언제쯤 문제에 대한 구체적인 답을 줄 수 있는지를 씁니다.

2 다음을 보고 실수한 부분을 확인해 보세요.

받는 사람: meshinkm@smail.com

제목: 수업 자료를 다시 게시해 주실 수 있으신지요?

심석태 교수님께

안녕하십니까? 저는 〈인류와 사회〉를 듣고 있는 사회복지학과 2학년 엽사우라고 합니다.

교수님의 강의를 열심히 듣고 있습니다. 그런데 부탁할 것이 있기 때문에 이렇게 메일을 드렸습니다. 혹시 3주 전에 올려 주신 수업 자료를 다시 게시해 주셔도 됩니까?

> '-아/어도 되다' 보다 '-아/어 주실 수 있으신지요?'를 사용하여 공손하게 가능한지를 문의하는 것이 좋습니다.

제가 그때 다운 받지 못해서 지금 받으려고 하는데 없습니다. 교수님께서 시간이

> '-아/어서'는 과거형으로 쓰지 않습니다.

> 자료를 내려 받지 못한 구체적인 이유를 써서 부탁드리는 사정을 설명하는 것이 좋습니다.

계시면 자료를 다시 게시해 주세요. 부탁드리겠습니다.

> '-(으)세요'는 공손한 표현이 아니므로 부탁하는 공손한 표현을 사용합니다.

> 교수님의 상황을 추측하는 표현인 '-겠지만'을 사용하는 것이 좋습니다.

그럼 즐거운 하루 되시기를 바랍니다. 안녕히 계십시오.

엽사우 올림

3 실수한 부분을 고쳐서 정확하게 다시 써 보세요.

받는 사람 meshinkm@smail.com

제목

문자는 이렇게 쓰세요

현선아, 미안한데 사진 좀 다시 보내 줄래? 헨드폰이 고장나는 바람에 저장해 둔 사진이 다 없어져버렸어. ㅠㅠ

그래. 이따가 보내 줄게.

-(으)ㄹ래(요)?

비격식적인 상황에서 상대방의 의향을 물어볼 때 사용하는 표현입니다. 상대방의 나이가 적거나 같은 경우 또는 지위가 낮은 경우에 사용합니다.

시험 범위가 어디인지 다시 _____?
　　　　　　　　　　　　　　알려 주다

잊어 버렸네. ㅠㅠ

-아/어 주셔야겠어요

강한 요청 사항을 완곡하게 표현할 때 사용하는 표현입니다.

공사 때문에 차를 다른 곳으로 _____.
　　　　　　　　　　　　　　이동해 주다

안녕하세요? 그저께 세탁기를 고쳐 주셨던 대한동 185번지예요. 그런데 세탁기를 돌리니 작동이 되다가 또 멈추네요. 오늘 중으로 다시 방문해 주셔야겠어요.

네, 불편을 드려 죄송합니다. 5시까지 방문하도록 하겠습니다.

Unit 12

세미나와 관련하여 알려드립니다

들어가기

1 다음을 읽고 이메일을 어떻게 쓰면 좋을지 생각해 보세요.

이메일 어떻게 쓸까요? ①

1 다음 이메일을 읽어 보세요.

받는 사람	hamd@smail.com, goblin@smail.com, gowind@smail.com, phenix@dmail.net, orion9@dmail.net, mzspa@dmail.net, ginmonko@dmail.net kdsang@gg.com, bbyu7@gg.com, damu5@gg.com, cube38@gg.com, rurujoa@gg.com, shinhyo73@gg.com, victor@gg.com
제목	제35회 학술 세미나 개최를 알립니다.

안녕하십니까?

심리학과 조교 박재형입니다.
학기가 시작한 지 얼마 되지 않았는데 벌써 더운 여름으로 향하고 있는 것 같습니다.

우리 학과의 학술 세미나가 벌써 35회를 맞게 되었습니다. 이에 세미나와 관련하여 아래와 같이 알려 드립니다.

제 35회 심리학과 학술 세미나
1. 일시 : 20**년 5월 12일 오후 5시
2. 장소 : 국제관 215호
3. 주제 : 데이터 기반 사회에서 인간의 역할

세미나 후에 저녁 식사 자리를 마련할 예정이니 참석 가능 여부를 알려 주시기 바랍니다. 자세한 일정은 첨부 파일을 참고하시고 혹시 문의 사항이 있으면 과 사무실로 연락 주시기 바랍니다.

그럼 항상 건강 조심하시기 바라며 세미나에서 뵙겠습니다.

심리학과 조교 박재형 올림

2 위 글을 읽고 대답해 보세요.

① 박재형 씨가 메일을 쓴 이유는 무엇입니까?

② 학술 세미나의 주제는 무엇입니까?

③ 세미나에 대한 자세한 일정을 알려면 어떻게 해야 합니까?

3. 다음 표현을 공부해 보세요.

와/과 관련하여 ~ 알려 드립니다

- 학교 축제**와 관련하여** 다음 사항을 **알려 드립니다**.
- 전시회 참가**와 관련하여** 아래와 같이 **알려 드립니다**.
- 이번 행사 진행**과 관련하여** 유의 사항을 **알려 드립니다**.

연습

진로 상담에 관해 알려 드리겠습니다.

→ _____

다음 회의에 관해 일정을 알려 드리겠습니다.

→ _____

> 공적인 상황에서 다수의 사람들에게 알릴 것이 있는 경우에 사용하는 표현입니다. 구체적인 안내의 내용은 다음 문장에서 밝힙니다.

혹시 -(으)면

- **혹시** 통화 가능하**면** 제가 전화를 드려도 될까요?
- **혹시** 시간이 안 되시**면** 직접 나오지 않으셔도 됩니다.
- **혹시** 시간이 괜찮으시**면** 잠시 만나서 논의를 할 수 있으신지요?

연습

만일 질문이 있으면 발표 후에 말씀해 주세요.

→ _____

만일 시간이 되시면 검토해 주실 수 있을까요?

→ _____

> 상황을 가정하여 말할 때 사용하는 표현입니다. 주로 질문이나 요청 또는 허용하는 경우에 앞부분에 '혹시 -(으)면'를 붙이면 상대방의 입장을 존중하게 되어 공손한 표현이 됩니다.

4 다음 이메일을 완성해 보세요.

① 배운 표현을 사용하여 문장을 완성해 보세요.

> 상황: **방학 중 워크숍 참가 신청을 안내할 때**

_____와/과 관련하여 다음과 같이 알려 드립니다.
　　　　　방학 중의 워크숍 신청

혹시 _____(으)면 제게 연락해 주시기 바랍니다.
　　　　　　　질문할 것이 있다

② 위에서 완성한 문장을 사용하여 다음 이메일을 완성해 보세요.

> 보내는 사람 : **후보린(국제학과 3학년)**
> 받는 사람 : **학과 학우 여러분**
> 용건 : **방학 중 워크숍 신청에 대해 소개하려고 합니다.**

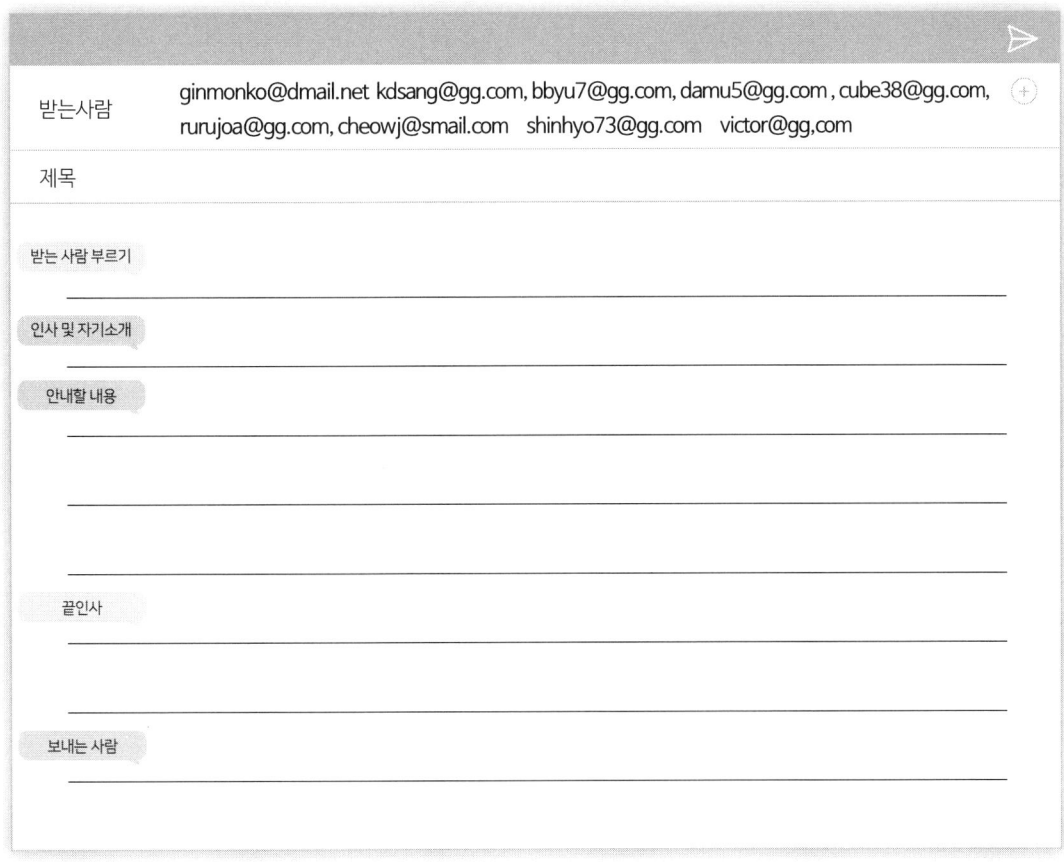

이메일 어떻게 쓸까요? 2

1 다음 이메일을 읽어 보세요.

받는사람	mn99@smail.com, hamd@smail.com, goblin@smail.com, gowind@smail.com, phenix@dmail.net, orion9@dmail.net, mzspa@dmail.net, ginmonko@dmail.net, kdsan@dmail.com, bbyu7@gg.com, damu5@gg.com, victor@gg.com, cube38@gg.com, rurujoa@gg.com, shinhyo73@gg.com,
제목	[초대] 국악 동아리 콘서트에 초대합니다.

초대의 글

〈판소리와 재즈의 만남〉

안녕하세요, 국악 동아리『비나리』입니다.
이번 가을 축제에 저희 국악 동아리에서 판소리와 재즈가 함께 어우러지는《판소리와 재즈의 만남》콘서트를 준비했습니다. 깊어가는 가을날에 연인 또는 친구와 함께 좋은 추억을 만드시기를 바라는 마음으로 여러분을 초대하오니 많은 분들이 오셔서 함께 하시면 좋겠습니다.

▶ 일시: 10월 13일 (화) 오후 7시
▶ 장소: 예술관 콘서트홀 (49동)
▶ 문의: 02-880-7914, 9320 / musicsnu@smail.com
▶ 전석 초대 (별도 티켓 없음) / 선착순 입장

부담 없이 참석하셔서 저희들이 준비한 자리를 빛내 주시기를 기대합니다.

『비나리』일동 올림

2 위 글을 읽고 대답해 보세요.

① 누가 쓴 이메일입니까?

② 메일을 쓴 이유는 무엇입니까?

③ 콘서트에서 어떤 공연을 합니까?

3. 다음 표현을 공부해 보세요.

-오니

- 취업 박람회를 개최하**오니** 많은 관심 부탁드립니다.
- 두 사람이 결혼식을 올리고자 하**오니** 오셔서 축하해 주시기 바랍니다.
- 그동안의 작품을 모아 전시하고자 하**오니** 한 편씩 제출해 주시기 바랍니다.

연습

다음 주말에 송별회를 하는데 오시면 좋겠어요.

→ _____

발표회를 하려고 하는데 참석해 주실 수 있으세요?

→ _____

> '-오니'는 '-(으)ㄴ/는데'와 비슷하며 상대방에 대한 공손한 마음을 드러내는 표현입니다. 일상적인 대화에서는 잘 사용하지 않지만 안내나 초대를 하는 글에서 자주 사용됩니다.

-기를 기대합니다

- 좋은 결과가 나오**기를 기대합니다**.
- 앞으로 상황이 더 나아지**기를 기대합니다**.
- 긍정적인 답변을 듣게 되**기를 기대합니다**.

연습

올해에는 월급이 오르면 좋겠어요.

→ _____

이번 대회에서 여러분이 좋은 성적을 거두면 좋겠어요.

→ _____

> '-기를 기대합니다'는 어떤 일이 원하는 대로 이루어지기를 바라면서 기다리는 마음을 표현할 때 사용합니다. 자신의 바람을 상대방에게 부담을 주지 않으면서 정중하게 드러내는 표현입니다.

4 다음 이메일을 완성해 보세요.

❶ 배운 표현을 써서 문장을 완성해 보세요.

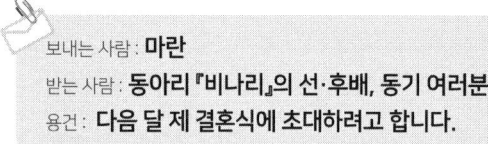

자신의 결혼식에 초대할 때

_____**오니** 오셔서 자리를 빛내 주시면 감사하겠습니다.
  다음 달에 식을 올리다

_____**기를 기대합니다.**
          많은 분들이 오셔서 축하해 주시다

❷ 위에서 완성한 문장을 사용하여 다음 이메일을 완성해 보세요.

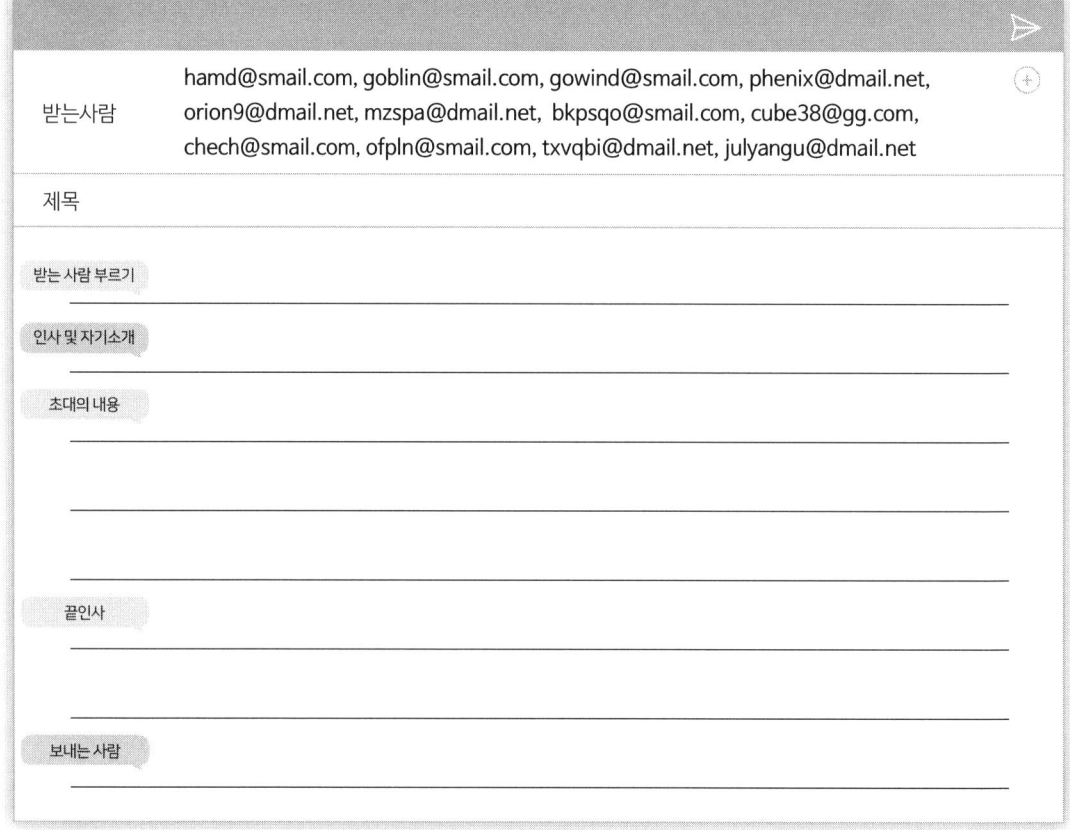

잘 썼는지 확인해 볼까요?

1 다음 이메일을 읽고 실수한 것이 없는지 찾아보세요.

받는 사람	bkpsqo@smail.com, cube38@gg.com, chech@smail.com, ofpln@smail.com, txvqbi@dmail.net, julyangu@dmail.net
제목	제 결혼식에 초대합니다.

『비나리』 여러분께

여러분, 요즘 잘 지내고 계세요? 저는 마란이라고 합니다.
다음이 아니라 제가 다음 달에 결혼을 하려고 합니다. ^7^ 그래서 요즘 제가 준비하느라 동아리에 거의 못 나가 여러분을 자주 못 만나서 이렇게 메일을 드립니다.

그동안 한국에서 여러분 때문에 제가 좋은 사람을 만나고 한국에서 잘 살 수 있었습니다. 감사하는 마음으로 여러분을 결혼식에 초대하고자 합니다. 결혼식은 다음 달 20일 오후 1시에 행복웨딩홀에서 합니다. 시간이 있으면 꼭 가기를 바랍니다. 여러분의 축하를 많이 받기 바랍니다.

그럼 연락을 기다리고 있습니다. 감사합니다.

마란 드림

잠깐만! 문단을 적절히 나누어 쓰세요.

이메일을 쓰다 보면 내용이 길어질 경우가 있습니다. 이럴 때는 문단을 적절히 나누어 읽는 사람이 쉽게 내용을 이해할 수 있도록 하는 것이 좋습니다. 보통 문단을 나눌 때는 받는 사람 부르기, 첫인사, 이메일을 쓰는 목적, 구체적인 내용, 끝인사, 보내는 사람으로 나누어 문단을 나눕니다. 다른 글쓰기와 달리 이메일에서는 문단을 구분할 때 한 줄을 띄어서 쓰는 경우도 많습니다. 내용이 길지 않고 네다섯 줄이라면 문단을 나누지 않고 쓰기도 합니다.

2. 다음을 보고 실수한 부분을 확인해 보세요.

받는 사람: bkpsqo@smail.com, cube38@gg.com, chech@smail.com, ofpln@smail.com, txvqbi@dmail.net, julyangu@dmail.net

제목: 제 결혼식에 초대합니다.

『비나리』 여러분께

여러분, 요즘 잘 지내고 계세요? 저는 마란이라고 합니다.

> 이미 자신을 알고 있는 사람에게는 '-(이)라고 하다'를 사용하지 않습니다.

다름이 아니라 제가 다음 달에 결혼을 하려고 합니다. ^7^ 그래서 요즘 제가 준비하느라

> 격식적인 메일을 쓸 때는 이모티콘을 사용하지 않도록 합니다.

동아리에 거의 못 나가 여러분을 자주 못 만나서 이렇게 메일을 드립니다.

그동안 한국에서 여러분 때문에 제가 좋은 사람을 만나고 한국에서 잘 살 수 있었습니

> 좋은 결과를 가져오는 경우에는 '때문에'를 잘 사용하지 않습니다.

다. 감사하는 마음으로 여러분을 결혼식에 초대하고자 합니다. 결혼식은 다음 달 20

일 오후 1시에 행복웨딩홀에서 합니다. 시간이 있으면 꼭 가기를 바랍니다. 여러분의

> '가다'가 아니라 '오다'를 사용하세요.

축하를 많이 받기 바랍니다.

> '-아/어 주시면 좋겠습니다'를 사용하여 자신의 희망을 공손하게 표현하는 것이 좋습니다.

그럼 연락을 기다리고 있습니다. 감사합니다.

> 결혼식을 알리는 메일이므로 답을 요청하는 상황이 아닙니다.
> '-기를 기대합니다'를 사용하여 메일을 쓰는 사람이 바라는 것을 표현하는 것이 좋습니다.

마란 드림

3. 실수한 부분을 고쳐서 정확하게 다시 써 보세요.

받는 사람	bkpsqo@smail.com, cube38@gg.com, chech@smail.com, ofpln@smail.com, txvqbi@dmail.net, julyangu@dmail.net
제목	

문자는 이렇게 쓰세요

우리집에 오는 방법 알려줄게. 도서관 뒤로 나와 언덕을 올라오다 보면 왼쪽에 빨간색 대문의 3층집이 보여. 계단을 통해 바로 2층으로 올라오면 돼.

알았어. 내일 11시쯤 갈게.

-(으)면 돼(요)

어떤 행동을 하면 문제가 없거나 충분함을 나타낼 때 사용하는 표현입니다.

미카 씨는 수업 끝나는 대로 바로 _____.
　　　　　　　　　　　　　　　　　　　오다

뒷풀이니까 조금 늦게 와도 괜찮아요.

-더라도

'-더라도'의 앞에 상황을 가정해도 뒤에 일어나는 일에 영향을 주지 않는 경우에 사용합니다.

미카가 한 학기 동안 고생했으니 _____
　　　　　　　　　　　　　　　　　바쁘다

잠깐 가서 축하해 주는 게 좋을 것 같아.

이번 모임의 뒷풀이 장소는 학교 정문 앞 '우리 식당'입니다. 회비는 따로 없으니 부담 갖지 마시고 늦더라도 꼭 참석해 주세요.

네, 알겠습니다. - 서준기 드림

해답 & 부록

Unit 1 29쪽

받는 사람: cheowj@smail.com
제목: 안부 인사드립니다.

교수님,
안녕하십니까? 저는 기계공학과 1학년 사샤입니다.

방학을 잘 지내고 계신지요? 오랫동안 못 만나 뵈었는데 건강은 어떠신지요? 교수님께서 미국에 다녀오셨다고 들었는데 재미있으셨는지요?
저는 방학 때 여행을 다녀왔습니다. 즐거운 여행을 한 후에 신학기 준비를 열심히 했습니다. 기분 전환도 하고 필요한 물품도 많이 샀습니다.

저는 방학 동안 교수님께서 가르쳐 주신 수업을 다시 복습했기 때문에 다음 학기에 자신감을 가지고 열심히 공부할 수 있습니다. 신학기에 만나 뵙기를 기대하고 있습니다. 그럼 학교에서 뵙겠습니다.

사샤 올림

Unit 2 41쪽

받는 사람: mnri9082@smail.com
제목: 주말 아르바이트를 구합니다.

아르바이트 채용 담당자님께

안녕하십니까? 저는 한국대학교 경영학과 3학년에 재학 중인 미카라고 합니다. 판매와 관련된 아르바이트에 관심이 있어서 메일을 보냅니다.

저는 일본 사람이지만 한국어 4급이고 영어 실력도 좋아서 손님들과 잘 소통할 수 있습니다. 그리고 편의점에서 반 년 동안 아르바이트를 한 경험이 있어서 판매에 자신이 있습니다.
그런데 주중에는 학교에 다녀서 주말에만 일을 할 수 있습니다. 주말에는 시간이 있으니까 언제든지 연락 주시면 열심히 하겠습니다. 저에게 기회를 주시면 좋겠습니다.

감사합니다.

미카 올림

53쪽 Unit 3

받는 사람	mjhkor98@smail
제목	선배님을 뵙고 싶습니다. (학보사 기자 유가)

홍민주 선배님께

선배님, 안녕하세요? 저는 학보사 기자인 신방과 3학년 유가입니다.
이번에 학보에 실릴 졸업생 인터뷰 때문에 이렇게 메일을 보내는데 갑자기 보내서 놀라셨으리라 생각합니다.
다름이 아니라 우리 학보에 실릴 졸업생 인터뷰를 위해 선배님을 만나 뵙고자 해서 메일을 드립니다. 바쁘시겠지만 시간을 내 주실 수 있으면 제가 회사로 방문을 해도 괜찮을까요? 혹시 이번 주 금요일 오후에 잠깐 만나 주실 수 있으신지요? 만약 허락하시면 금요일에 가 뵙도록 하겠습니다.

그럼 선배님을 뵙기를 기대하며 답을 기다리겠습니다.

안녕히 계십시오.

후배 유가 올림

65쪽 Unit 4

받는 사람	namseonoh@smail.com
제목	장학금 신청을 위한 추천서를 부탁드립니다.

교수님, 안녕하세요?

저는 광고홍보학과 3학년 수하르입니다.
장학금을 신청하기 위한 추천서를 써 주시기를 부탁드리기 위해 이메일을 드립니다.

요즘 시험이 좀 많은데도 저는 정말 열심히 공부하고 있습니다. 아시다시피 학비가 매우 비싸므로 열심히 공부해서 장학금을 받으면 부모님의 부담을 조금 줄일 수 있을 거라고 생각합니다.

그래서 제가 장학금을 신청하려고 합니다. 교수님께서 시간이 괜찮으시면 추천서를 써 주시면 감사하겠습니다. 바쁘시겠지만 교수님께서 긍정적인 대답을 해 주시리라 기대합니다.

안녕히 계십시오.

수하르 올림

Unit 5 77쪽

받는 사람	office234@smail.com
제목	외국인의 기숙사 신청 문의

행정실 기숙사 담당자님께

안녕하십니까?
저는 외교학과 신입생 리다입니다.
다름이 아니라 이번 학기에 기숙사를 신청하려고 하는데 외국인이 신청할 수 있는지 없는지 여쭤 보려고 이메일을 드립니다.

외국인은 한국에 집이 없으므로 기숙사에 살면 좋지 않을까 생각합니다. 그러므로 외국인에게도 기숙사를 신청할 수 있도록 해 주시면 감사하겠습니다.

또, 기숙사 신청을 어디에서 어떻게 하는지 한 달에 얼마인지도 문의 드립니다. 질문이 많아서 죄송합니다.
기숙사에 가면 열심히 공부하도록 하겠습니다.

감사합니다.

리다 올림

Unit 6 89쪽

받는 사람	hmslara@smail.com
제목	공모전 준비를 끝내지 못해서 죄송합니다.

장고은 선배님께

안녕하세요? 저는 응후엔입니다.

제가 선배님께 이메일을 보내는 이유는 다름이 아니라 이번 공모전 준비 때문입니다. 제가 갑자기 고향집에 다녀오느라고 맡은 부분을 완성하지 못했습니다. 정말 죄송합니다.
선배님이 공모전 준비를 하시는데 폐를 끼쳐 드려 죄송합니다.

혹시 시간을 조금 더 주실 수 있을까요? 2일 정도면 완성할 수 있을 것 같습니다.
다시 한번 죄송하다는 말씀을 드리며 맡은 부분을 빨리 완성하도록 최선을 다하겠습니다.

응후엔 올림

101쪽 Unit 7

받는 사람: sanghyeop@smail.com
제목: 학생 식당 채식 메뉴 추가를 제안합니다.

학생 식당 영양사님께.

안녕하세요? 저는 화학공학과 카일리라고 합니다.
학생 식당을 자주 이용하는데 제안할 것이 있어서 이메일을 보냅니다.

학생 식당은 값도 싸고 맛있는데 채식 음식이 없으니까 저와 같이 채식을 하는 학생들은 학생 식당에 가도 먹을 수 있는 음식이 없는 경우가 많습니다. 그래서 채식을 하는 학생들도 먹을 수 있도록 채식 메뉴를 추가해 주셨으면 합니다. 채식 메뉴를 추가한다면 채식을 하는 학생들도 많이 이용할 것입니다.

요즘 학교에 외국인이 점점 많아지니까 채식 메뉴를 추가하는 것이 좋을 듯합니다. 저의 의견을 들어주셔서 감사합니다.

항상 행복하시기를 바랍니다.

호주 학생 카일리 올림

113쪽 Unit 8

받는 사람: susuflower@smail.com
제목: 선배님~ 나주라예요.

선배님, 안녕하세요?

저는 나주라예요. 며칠 전에 선배님이 제주도에서 열리는 세미나에 같이 가자고 해 주셔서 감사합니다만 아무래도 저는 가지 못할 것 같아요. 정말 죄송해요.

그때 시험기간이라서 복습을 열심히 해야 해요. 그래서 제주도에 가면 시간이 안 될 것 같아요. 선배님께서 저와 같이 가고 싶다고 말해 주셔서 진심으로 감사해요. 세미나에 꼭 가고 싶은데 저도 못 가서 답답해요.

가능하면 다음에 기회가 있으면 같이 갔으면 좋겠어요.

나주라 드림

Unit 9 125쪽

받는 사람	hm@smail.com, suh@smail.com, omn@smail.com, juju@smail.com
제목	[디지털 미디어과] 홈페이지 활성 방안

디지털 미디어과 여러분, 안녕하세요?

저는 디지털 미디어과 과 대표입니다. 우리 과 학생들이 모두 훌륭하게 학교생활을 잘하고 있다고 생각합니다. 그런데 공부 때문에 시간이 좀 없지요? 그래서 과 홈페이지에 관심이 없는 것 같습니다. 학생회에서는 왜 관심이 없는지 알고 싶습니다. 그래서 과 홈페이지 활성화를 위해 여러분과 의논하고 싶습니다.

여러분도 아시는 바와 같이 과 홈페이지가 활성화되면 졸업한 선배들이나 휴학한 친구들도 디지털 미디어과 소식을 알 수 있어서 좋을 것입니다. 여러분이 관심 있는 것, 홈페이지에서 보고 싶은 것 등 좋은 방법에 대해 의견 주시기 바랍니다. 이메일로 연락하거나 과 대표에게 의견 주시면 됩니다.

감사합니다.

디지털 미디어과 과 대표 올림

Unit 10

받는 사람	foodstar7@kykl.edu
제목	학생 식당 음식을 덜 짜게 만들어 주시기를 부탁드립니다.

학생 식당 영양사님께

안녕하세요? 저는 생명공학과 2학년 추다라고 합니다.
영양사님 덕분에 우리 학생들이 맛있고 영양 있는 음식을 먹을 수 있어서 감사합니다.

그런데 최근에 학생 식당의 음식이 너무 짠 것 같습니다. 저 뿐만 아니라 주변 많은 학생들도 음식이 짜다고 말합니다. 그래서 식당에서 밥을 먹기는 하는데 너무 짜서 물을 많이 마시게 됩니다. 음식이 짜면 학생들의 건강에 안 좋으니 조금 덜 짜게 만들어 주시기를 부탁드립니다.
학생들의 건강을 생각하시고 고려를 해 주시면 좋겠습니다.

감사합니다. 안녕히 계십시오.

추다 올림

149쪽 Unit 11

| 받는 사람 | meshinkm@dmail.com |
| 제목 | 수업 자료를 다시 게시해 주실 수 있으신지요? |

심석태 교수님께

안녕하십니까? 저는 〈인류와 사회〉를 듣고 있는 사회복지학과 2학년 엽사우라고 합니다.

교수님의 강의를 열심히 듣고 있습니다. 다름이 아니라 수업 자료와 관련하여 부탁을 드리려고 이렇게 메일을 드렸습니다.

혹시 3주 전에 올려 주신 수업 자료를 다시 게시해 주실 수 있으신지요? 제가 그때 컴퓨터가 고장나는 바람에 자료를 내려 받지 못해서 지금 받으려고 하는데 자료가 없습니다. 교수님께서 바쁘시겠지만 자료를 다시 게시해 주시기를 부탁드립니다. 이렇게 폐를 끼쳐서 죄송합니다.

그럼 즐거운 하루 되시기를 바랍니다. 안녕히 계십시오.

엽사우 올림

161쪽 Unit 12

| 받는 사람 | bkpsqo@smail.com, cube38@gg.com, chech@smail.com, ofpln@smail.com, txvqbi@dmail.net, julyangu@dmail.net |
| 제목 | 제 결혼식에 초대합니다. |

『비나리』여러분께

여러분, 요즘 잘 지내고 계세요? 마란입니다.
다름이 아니라 제가 다음 달에 결혼을 하려고 합니다. 그래서 요즘 제가 준비를 하느라 동아리에 거의 못 나가 여러분을 자주 못 만나서 이렇게 메일을 드립니다.

그동안 한국에서 여러분 덕분에 제가 좋은 사람을 만나고 잘 살 수 있었습니다. 이에 감사하는 마음으로 여러분을 결혼식에 초대하고자 합니다. 결혼식은 다음 달 20일 오후 1시에 행복웨딩홀에서 합니다. 시간이 있으면 꼭 오셔서 축하해 주시면 좋겠습니다.

그럼 결혼식장에서 여러분을 만나기를 기대하겠습니다. 감사합니다.

마란 드림

⭐ 회사에서 자주 쓰는 표현

인사하기

감사 인사를 할 때

- 저희 회사를 이용해 주셔서 감사합니다.
- 우리회사에 관심을 가져 주신 점 감사드립니다.
- 이번 프로젝트에 협조해 주심에 감사드립니다.
- 저희 회사를 아껴 주시고 관심을 가져 주심에 감사드립니다. 아울러 귀사에 지속적인 관심과 격려 부탁드립니다.
- 제품에 관한 고견과 따끔한 충고를 듣게 된 점, 마음 아프지만 감사하게 생각합니다. 앞으로도 제안이나 의견 등을 말씀해 주시면 최대한 반영하여 더욱 좋은 모습을 보이도록 노력하겠습니다.

승진을 축하할 때

- (부장님)의 승진을 진심으로 축하드립니다.
- 승진을 진심으로 축하드리며 앞으로 더욱 좋은 일 가득하시기를 바랍니다.
- (부장님)으로 승진하셨다는 소식 들었습니다. 그동안 고생 많이 하셨는데 좋은 소식을 들어서 정말 기쁩니다. 앞으로 더욱 건승하시기를 기원합니다.

퇴직 인사를 할 때

- 이번에 제가 일신상의 이유로 퇴직을 하게 되었습니다. 지금까지 제가 업무를 잘해낼 수 있었던 것은 여러분 덕분이라고 생각합니다. 다시 한번 그간 여러분의 격려와 도움에 깊이 감사드리며 행복과 건승을 기원합니다.
- 다름이 아니라 오늘 (2월 28일)을 마지막 출근으로 하여 (일영사)를 퇴직하게 되었습니다. 입사한 이후부터 지금까지 여러분께 많은 도움을 받았음에 감사드립니다. 직접 인사를 드려야 하는데 이렇게 메일로 인사를 드려 죄송합니다.

시기별 인사

봄

- 어느덧 추운 겨울이 가고 따뜻한 봄이 왔습니다. 환절기에 감기 조심하시기 바랍니다.
- 희망의 계절 봄이 왔습니다. 따스한 봄처럼 웃음꽃이 활짝 피는 봄이 되기를 기원합니다.

여름

- 날씨가 무척 덥습니다. 무더위에 건강 조심하시기 바랍니다.
- 본격적인 여름입니다. 날씨가 많이 덥습니다만 더위에 지치지 않는 하루 되시기를 바랍니다.

가을

- 청명한 하늘이 너무나 멋진 가을입니다.
- 서늘한 바람이 상쾌하고 기분 좋은 가을입니다.

겨울

- 날씨가 점점 추워지고 있습니다. 하루하루 따뜻하게 보내시기 바랍니다.
- 쌀쌀한 바람에 몸이 움츠러드는 계절입니다. 항상 감기 조심하시고 늘 가정에 건강과 행복이 가득하길 바랍니다.

새해

- 새해에도 행복한 일 가득하시기 바랍니다.
- 새해에 계획한 일 모두 이루시기를 기원합니다.
- 새해 복 많이 받으시고 하시는 일 모두 잘 되시기 기원합니다.
- 한 해 동안 베풀어 주신 성원에 감사를 드립니다.
- 지난 한 해 보내 주신 관심과 사랑에 감사드리며 새해에는 소망하시는 모든 일 이루시기를 바랍니다.

추석

- 풍요로운 추석 연휴 보내시기를 바랍니다.
- 건강하고 행복한 한가위 보내시기를 기원합니다.
- 한가위를 맞이하여 가정에 건강과 행복이 가득하시길 기원합니다.
- 좋은 사람들과 넉넉한 정을 나누는 뜻깊은 시간 보내시기 바랍니다.

일상적인 마무리 인사

- 행복하고 즐거운 하루 되십시오.
- 오늘도 좋은 하루 되시기를 바랍니다.
- 항상 건강하시고 행복하시기를 바랍니다.

사고 당한 것을 위로할 때

- 사고를 당하셨다니 유감입니다. 빨리 회복하시기를 바랍니다.
- 안타까운 소식 들었습니다. 빠른 시간 내에 완쾌하시기를 바랍니다.

부모님이 돌아가셨을 때

- 삼가 고인의 명복을 빕니다.
- 어떠한 말로도 위로를 드릴 수 없겠지만 삼가 위로의 말씀을 드립니다.
- 뜻밖의 비보에 슬픈 마음을 금할 길이 없습니다. 삼가 고인의 명복을 빕니다.
- 부친의 별세를 애도하오며 삼가 고인의 명복을 빕니다.

소개하기

자기 회사를 소개할 때

- 우리 회사는 한국에서 가장 큰 (온라인 게임) 회사 중 하나입니다.
- 저희 회사는 (상품 디자인 개발) 아이디어를 가진 사람들이 모여 2014년에 창업한 회사입니다.
- 우리 회사는 (한국 시장에서의 마케팅 전략)을 세우는 데 도움을 드리는 일을 전문으로 하고 있습니다.

자기소개를 할 때

- 저는 (해외영업부)에 근무하고 있는 (위웨찬)이라고 합니다. 앞으로 (아시아 해외 영업)과 관련한 업무는 제가 담당할 것입니다. 잘 부탁드리겠습니다.

- (올해 1월)부터 (제품 개발팀)에 근무하게 된 (이상준)입니다. 이번 인사이동으로 인해 (기획팀)에서 (제품 개발팀)으로 자리를 옮기게 되었습니다. 앞으로 잘 부탁드리겠습니다.

다른 회사의 방문을 원할 때

- 우리 회사에서 새로 출시된 제품을 소개해 드리고자 합니다. 기회를 주신다면 제가 직접 귀사로 찾아뵙도록 하겠습니다.

- 지난번에 소개해 주신 귀사의 제품에 관심이 많습니다. 괜찮으시면 귀사에 방문하여 의논하고 싶은데 가능한 시간을 알려 주시면 감사하겠습니다.

다른 사람의 소개로 인사할 때

- 저는 (주식회사 한일)에서 (마케팅팀 팀장)을 맡고 있는 (김은수)입니다. 당사의 (최태주 본부장님)께서 말씀해 주셔서 메일을 보냅니다.

- 저는 새로 (제품 개발팀)에 근무하게 된 (이상준)입니다. 전임자이신 (김은영 과장님)의 소개로 연락을 드립니다. 지금까지 (김은영 과장님)께서 담당하셨던 업무는 앞으로 제가 담당하게 되었습니다.

다른 사람을 소개해 줄 때

- 제가 4월12일부로 퇴사하게 되어 (영업팀의 대리)로 오게 될 후임자 (고재민) 씨를 소개해 드리고자 합니다.

약속하기

회의를 알릴 때

- (첫 프로젝트) 회의가 (5월 6일 오전 9시)부터 대회의실에서 열립니다. 회의 참석 여부를 알려 주시기 바랍니다.
- 월요일 오전 9시에 회의실에서 (전략 기획팀) 회의가 있습니다. 팀원들은 모두 참석해 주시기 바랍니다.

약속 시간을 정할 때

- 귀하가 편하실 때 약속을 정하고 싶습니다. 다음 주에 가능한 시간을 알려 주시기 바랍니다.
- 직접 만나 뵙고 의논드리고 싶습니다. 다음 주 목요일에 1시간 정도 시간을 내 주실 수 있으신지요?

약속 장소를 정할 때

- 저희 사무실에서 만나는 것이 어떠신지요?
- 제가 귀사를 방문하여 만나 뵙는 것도 가능합니다. 편하신 장소를 알려 주시면 찾아뵙도록 하겠습니다.

요청하기

업무 확인을 요청할 때

- 이번 프로젝트의 (인원 추가 문제)가 결정이 되었는지요? 가능한 한 서둘러 처리해 주시기 바랍니다.
- 지난번 논의하신 건은 어떻게 결정이 되었는지 궁금합니다. 결정되는 대로 알려 주시면 감사하겠습니다.
- 지난주에 주문한 제품을 아직 받지 못했습니다. 발송이 되었는지 궁금하여 연락드립니다. 시일이 촉박하여 빠른 발송을 부탁드립니다.
- (9월 26일)자 주문에 관한 건으로 메일 드립니다. 4주 전에 주문을 넣었는데 아직까지 제품이 도착하지 않았습니다. (추가 주문)을 해야 하니 (제품의 재고)를 오늘 중으로 확인해 주시기 바랍니다.

상대방의 양해를 구할 때

- (제품 생산 지연)으로 인해 발송이 늦어진 점 사과드립니다. 준비되는 대로 발송하도록 하겠습니다.
- (당사의 내부 사정)으로 인하여 (제품 발송이 늦어지고 있는) 점에 대해 대단히 죄송하다는 말씀을 드립니다.
- 귀하께서 요청하신 (계약서)가 (해외 제품 단가 확인이 지연됨)에 따라 아직 작성되지 못하고 있습니다. 이 점 대단히 송구하게 생각하며 빠른 시일 내에 보내 드릴 수 있도록 최선을 다하겠습니다.
- (법적 규제로 인해 본사의 프로그램 사용에 일부 제한)을 드리게 된 점을 양해해 주시기를 바랍니다.

휴가/병가를 신청할 때

- (건강검진)을 위해 휴가를 신청합니다.
- (개인적인 집안 사정)으로 인해 (15일)에 연가를 신청합니다. 부득이한 사정으로 인한 것이니 널리 이해해 주시면 감사하겠습니다.
- 갑자기 (급성폐렴)에 걸려서 병가를 신청합니다. 추후에 진단서를 제출하도록 하겠습니다.

문의하기

가격을 협상할 때

- 귀사에서는 현금 결제에 따른 할인을 제공하시는지 궁금합니다.
- 제시하신 단가에서 어느 정도 조정이 가능한지 알고 싶습니다.

기한을 문의할 때

- 최대한 빨리 납품해 주신다면 언제까지 납품이 가능하신지 궁금합니다.
- 본건에 대해 언제까지 확답을 주실 수 있는지 궁금하여 연락드립니다.
- 다른 프로그램과의 일정 조정으로 인해 이번 주 내로 결정하여 알려 주시면 감사하겠습니다.

실수에 대해 문의할 때

- 저희는 이 문제가 (운송 과정)에서 발생된 문제라고 생각하고 있습니다.
- 지금 진행하시는 방법이 (유통 경로)를 확보하는 가장 효율적인 방법이라고 생각하시는지 알고 싶습니다.
- 저희 측 (운송 팀)의 실수인지에 대해서는 다소 의문이 듭니다. 확인해 보고 다시 연락드리도록 하겠습니다.

자료를 제공해 줄 수 있는지 물어볼 때

- 다음과 관련된 자료를 보내 주실 수 있는지 문의 드립니다. 요청하는 자료의 목록은 다음과 같습니다.
- 할인된 단가의 견적서를 다시 한 번 보내 주실 수 있는지 문의 드립니다.

사과하기

업무 지연에 대해 사과할 때

- (배송)이 늦어져서 불편을 끼쳐드린 데 대해 진심으로 사과드립니다.
- 답변을 기다리시게 해서 대단히 죄송합니다. 문의하신 내용에 대한 답변은 아래와 같습니다.
- 요청하신 건에 대해 신속한 대응이 이루어지지 못한 점 사과드립니다.

불만족에 대해 사과할 때

- 저희 제품에 만족하지 못하셨다니 매우 유감입니다.
- (당사의 서비스)에 대해 불편을 느끼신 점에 대해 사과드립니다.
- (당사의 착오)로 인해 불편함을 드리게 된 점 진심으로 사과드립니다. 다시는 이런 일이 발생하지 않도록 최선을 다해 노력하겠습니다.

업무 지연의 이유를 말할 때

- 저희는 이 문제가 (운송 과정)에서 발생된 문제라고 생각하고 있습니다.
- 지금 진행하시는 방법이 (유통 경로)를 확보하는 가장 효율적인 방법이라고 생각하시는지 알고 싶습니다.
- 저희 측 (운송 팀)의 실수인지에 대해서는 다소 의문이 듭니다. 확인해 보고 다시 연락드리도록 하겠습니다.

제안하기

업무 처리 방법을 제안할 때

- (업체 교체)를 고려해 보시면 어떨지 제안하는 바입니다.
- 보내주신 (도면)만으로는 결정하기가 쉽지 않습니다. 다른 형태의 (도면)을 한두 개 더 제시하여 주시면 결정에 도움이 될 것 같습니다.
- 그 회사의 담당자보다 해당 부서의 결정권자에게 직접 메일을 보내는 편이 좋을 것 같습니다.

대체 상품을 제안할 때

- 귀사에서 요청하신 상품과 유사한 상품을 제안해 드리려고 합니다.
- 문의하신 제품은 품절되었습니다. 품절된 제품과 기능면에서 유사한 제품을 인하된 가격으로 제공해 드릴 수 있습니다.
- 대체할 수 있는 제품을 원하신다면 저희가 보유한 것 중에서 보여 드릴 수 있습니다.

협력을 제안할 때

- 귀사와 함께 한다면 당사와 귀사 모두에게 득이 되는 성공적인 파트너가 될 것입니다.
- 이 사안은 다른 부서와의 협력이 필요합니다. 다른 부서와의 협력을 통해 결정하는 것이 바람직할 것 같습니다.

수락/거절하기

요청을 수락할 때

- 귀사께서 제안해 주신 내용을 검토해 보았습니다. 당사는 귀사의 제안을 기쁜 마음으로 수락하겠습니다.
- 귀사께서 제시하신 조건을 검토한 후에 수락을 결정하도록 하겠습니다.

요청을 완곡하게 거절할 때

- 어떻게든 저희가 도와드리고 싶지만 저희 회사에서 취급하는 분야가 아닙니다.
- 유감스럽게도 일정을 변경하기는 어려울 것 같습니다.
- 죄송하지만 이 문제에 대해 저도 아는 바가 없습니다.
- 저희 회사의 입장과 배치되는 부분이 많아 수락하기 어렵겠습니다.

의논하기

의견을 구할 때

- 귀하/귀사의 의견을 듣고 싶습니다.
- 저희가 이 문제를 어떻게 처리하면 좋을지 의견을 주시면 감사하겠습니다.

의견을 조정할 때

- 귀하께서 보내 주신 의견을 최대한 수렴하고 반영하고자 합니다.
- 귀하의 의견에 찬성합니다만, 최종 결론을 내리기 전에 몇 가지 문제를 정리할 필요가 있다고 생각합니다.
- 귀사 계획의 기본적인 생각에는 반대하지 않습니다만, 계약 조건에 관해 몇 가지 말씀드리고자 합니다.

불평하기

업무 지연에 대해 불만을 표현할 때

- 지난 20일에 요청한 자료를 아직 받지 못했습니다.
- 1주일 동안 귀사의 담당자와 연결이 되고 있지 않습니다.
- 귀사에 반품을 요청했는데 아직 처리되지 않고 있습니다. 빠른 처리 부탁드립니다.

상품과 서비스에 대해 불평할 때

- 제가 받은 상품에 결함이 있습니다.
- 귀사에서 제공한 서비스는 유감스럽게도 저희의 기대치에 훨씬 못 미쳤습니다.

주문 오류에 대해 불평할 때

- (7월24일)에 메일로 보내주신 (주문 확인서)에 오류가 있어 메일을 드립니다.
- 보내주신 자료 중 (매출 원가)에 오류가 있으니 수정해 주시기 바랍니다.

재요청하기

자료를 재요청할 때

- 지난번에 부탁드린 자료를 아직 받지 못해 연락드립니다. 빠른 회신 부탁드립니다.

구체적인 정보를 다시 요청할 때

- 보내 주신 자료에 감사드립니다만 다음과 같은 내용이 더 필요합니다.
- 귀하가 보내주신 카탈로그가 유용하지만 구체적인 가격 정보가 필요합니다.

첨부 파일을 재요청할 때

- 첨부 파일이 열리지 않습니다. 다시 한번 보내 주시기 바랍니다.
- 첨부하신 파일이 저희가 요청 드린 파일과 다른 것 같습니다. 확인 바랍니다.

응답하기

요청에 응답할 때

- 요청하신 파일을 보내드립니다.
- 요청하신 카탈로그를 첨부합니다.
- 요청하신 견적서를 보내 드리오니 참고하시기 바랍니다.

자료를 발송할 때

- 요청하신 자료를 송부합니다. 업무에 참고하시기 바랍니다.

안내/초청하기

안내할 때

- (김 과장님)이 다시 복귀/출근하실 때까지 제가 업무를 대행하고 있습니다.
- 상반기 우수 사원/해외 파견 사원 선발 결과를 다음과 같이 알려 드립니다.

행사에 초청할 때

- 저희 회사 (창립 기념일) 행사에 귀하를 초청합니다.
- 3월 2일에 (신제품 발표회)를 할 예정입니다. 귀하께서 참석해 주신다면 큰 영광이 되겠습니다.
- 다음 주(월요일)에 새로 부임하시는 (사장님)의 취임식이 거행될 예정이오니 오셔서 자리를 빛내 주시기를 바랍니다.
- 이번에 개발한 (신작 모바일 '판타지')의 시연회를 개최하게 되어 초청하고자 연락을 드립니다.
- 고객님을 저희 회사의 (프리미엄 브랜드 신제품 발표회)에 모시고자 합니다.